中华文化风采录

丰富民俗文化

团圆的
中秋

王 丽◎编著

北方妇女儿童出版社
·长春·

图书在版编目（CIP）数据

团圆的中秋 / 王丽编著. —长春：北方妇女儿童出版社，2017.5（2022.8重印）
（丰富民俗文化）
ISBN 978-7-5585-1077-9

Ⅰ．①团… Ⅱ．①王… Ⅲ．①节日－风俗习惯－中国－通俗读物 Ⅳ．①K892.1-49

中国版本图书馆CIP数据核字（2017）第100734号

团圆的中秋
TUANYUAN DE ZHONGQIU

出 版 人	师晓晖
责任编辑	吴　桐
开　　本	700mm×1000mm　1/16
印　　张	6
字　　数	85千字
版　　次	2017年5月第1版
印　　次	2022年8月第3次印刷
印　　刷	永清县晔盛亚胶印有限公司
出　　版	北方妇女儿童出版社
发　　行	北方妇女儿童出版社
地　　址	长春市福祉大路5788号
电　　话	总编办：0431-81629600

定　　价　　36.00元

习近平总书记说："提高国家文化软实力，要努力展示中华文化独特魅力。在5000多年文明发展进程中，中华民族创造了博大精深的灿烂文化，要使中华民族最基本的文化基因与当代文化相适应、与现代社会相协调，以人们喜闻乐见、具有广泛参与性的方式推广开来，把跨越时空、超越国度、富有永恒魅力、具有当代价值的文化精神弘扬起来，把继承传统优秀文化又弘扬时代精神、立足本国又面向世界的当代中国文化创新成果传播出去。"

为此，党和政府十分重视优秀的先进的文化建设，特别是随着经济的腾飞，提出了中华文化伟大复兴的号召。当然，要实现中华文化伟大复兴，首先要站在传统文化前沿，薪火相传，一脉相承，弘扬和发展5000多年来优秀的、光明的、先进的、科学的、文明的和自豪的文化，融合古今中外一切文化精华，构建具有中国特色的现代民族文化，向世界和未来展示中华民族具有独特魅力的文化风采。

中华文化就是中华民族及其祖先所创造的、为中华民族世世代代所继承发展的、具有鲜明民族特色而内涵博大精深的优良传统文化，历史十分悠久，流传非常广泛，在世界上拥有巨大的影响力，是世界上唯一绵延不绝而从没中断的古老文化，并始终充满了生机与活力。

浩浩历史长河，熊熊文明薪火，中华文化源远流长，滚滚黄河、滔滔长江是最直接的源头，这两大文化浪涛经过千百年冲刷洗礼和不断交流、融合以及沉淀，最终形成了求同存异、兼收并蓄的辉煌灿烂的中华文明。

中华文化曾是东方文化的摇篮，也是推动整个世界始终发展的动力。早在500年前，中华文化催生了欧洲文艺复兴运动和地理大发现。在200年前，中华文化推动了欧洲启蒙运动和现代思想。中国四大发明先后传到西方，对于促进西方工业社会形成和发展曾起到了重要作用。中国文化最具博大性和包容性，所以世界各国都已经掀起中国文化热。

中华文化的力量，已经深深熔铸到我们的生命力、创造力和凝聚力中，是我们民族的基因。中华民族的精神，也已深深根植于绵延数千年的优秀文化传统之中，是我们的精神家园。但是，当我们为中华文化而自豪时，也要正视其在近代衰微的历史。相对于5000年的灿烂文化来说，这仅仅是短暂的低潮，是喷薄前的力量积聚。

中国文化博大精深，是中华各族人民5000多年来创造、传承下来的物质文明和精神文明的总和，其内容包罗万象，浩若星汉，具有很强的文化纵深感，蕴含丰富的宝藏。传承和弘扬优秀民族文化传统，保护民族文化遗产，已经受到社会各界重视。这不但对中华民族复兴大业具有深远意义，而且对人类文化多样性保护也有重要贡献。

特别是我国经过伟大的改革开放，已经开始崛起与复兴。但文化是立国之根，大国崛起最终体现在文化的繁荣发展上。特别是当今我国走大国和平崛起之路的过程，必然也是我国文化实现伟大复兴的过程。随着中国文化的软实力增强，能够有力加快我们融入世界的步伐，推动我们为人类进步做出更大贡献。

为此，在有关部门和专家指导下，我们搜集、整理了大量古今资料和最新研究成果，特别编撰了本套图书。主要包括传统建筑艺术、千秋圣殿奇观、历来古景风采、古老历史遗产、昔日瑰宝工艺、绝美自然风景、丰富民俗文化、美好生活品质、国粹书画魅力、浩瀚经典宝库等，充分显示了中华民族厚重的文化底蕴和强大的民族凝聚力，具有极强的系统性、广博性和规模性。

本套图书全景展现，包罗万象；故事讲述，语言通俗；图文并茂，形象直观；古风古雅，格调温馨，具有很强的可读性、欣赏性和知识性，能够让广大读者全面触摸和感受中国文化的内涵与魅力，增强民族自尊心和文化自豪感，并能很好地继承和弘扬中国文化，创造未来中国特色的先进民族文化，引领中华民族走向伟大复兴，在未来世界的舞台上，在中华复兴的绚丽之梦里，展现出龙飞凤舞的独特魅力。

源流演化——起源称谓

饕餮盛宴——饮食文化

习俗流布——佳期节俗

每年的农历八月十五，是我国的传统节日——中秋节。这时是一年秋季的中期，所以被称为"中秋"。在我国的农历里，一年分为四季，每季又分为孟、仲、季三个部分，因而中秋也称仲秋。

八月十五的月亮比其他几个月的满月更圆，更明亮，所以又叫作"月夕""八月节"，也有"秋节""八月会""追月节""玩月节""拜月节""女儿节"等称谓。

此夜，人们仰望星空如玉如盘的朗朗明月，自然会期盼与家人团聚。远在他乡的游子，也借此寄托对故乡和家人的思念之情。所以，中秋又称"团圆节"。

起源称谓

源于古老浪漫的嫦娥奔月

那还是在远古时期，天气异常炎热，因为天上有10个太阳，每天都烤着大地。有人说这10个太阳都是东方天帝的儿子，他们跟他们的母亲以及天帝共同住在东海的边上。

他们的母亲经常把自己的10个孩子放在世界最东边的东海洗澡，洗完澡后，让他们像小鸟那样栖息在一棵大树上。

因为每个太阳的形象中心都是只鸟，所以大树就成了他们的家，9

■ 嫦娥奔月图

起源称谓

个太阳栖息在长得较矮的树枝上，另一个太阳则栖息在树梢上。

■ 大羿射日雕塑

每当黎明来临，大地需要晨光照耀的时候，栖息在树梢的太阳便坐着两轮车，穿越天空，照射人间，把光和热洒遍世界的每个角落。

10个太阳遵守着天地制定的规矩，每天一换，轮流当值，秩序井然，天地万物一片和谐，人们在大地上生活得非常幸福和睦。人和人之间像邻居、朋友那样，生活在一起，日出而耕，日落而息，生活过得既美满又幸福，人和动物之间也能和睦相处。

那时候人们感恩于太阳给他们带来了时辰、光明和欢乐，经常面向天空磕头作揖，顶礼膜拜。可是，这样的日子过长了，这10个太阳就觉得无聊，他们想要一起周游天空，认为肯定很有趣。

于是，当黎明来临时，10个太阳就一起爬上双轮

顶礼膜拜 古代的拜礼。行礼时，两手放在额上，长时间下跪叩头。膜拜原专指佛教拜佛时的一种最高敬礼，人跪下，两手伏地，以头顶着受礼人的脚，后泛指表示极端恭敬或畏服的行礼方式。后多用"顶礼膜拜"形容对某人崇拜得五体投地。表示极其敬佩，可用来表示崇拜的程度。

弓 是抛射兵器中最古老的一种弹射武器。它由富有弹性的弓臂和柔韧的弓弦构成，当把拉弦张弓过程中积聚的力量在瞬间释放时，便可将扣在弓弦上的箭或弹丸射向远处的目标。弓箭作为远射兵器，在春秋战国时期应用相当普遍，被列为兵器之首。弓是自人类出现战争到近代枪炮大量使用为止，弓的作用是任何武器无法替代的。

车，踏上了穿越天空的征程。可是，大地上的人和万物就受不了了，10个太阳像10个大火团，他们一起放出的热量烤焦了大地，烧死了许许多多的人和动物。

在太阳的炙烤下，森林着火啦，所有的树木庄稼和房屋都被烧成了灰烬。那些在大火中没有被烧死的人和动物，豕突狼奔，四下流窜，发疯似的寻找可以躲避灾难的地方和能救命的水和食物。

很快，河流也开始干枯了，大海也面临着干涸的境遇，所有的鱼类也都死光了，那些原本藏匿在水中的怪物便爬上岸偷窃食物，维持自己的生计。

就这样，随着农作物和果园的枯萎烧焦，供给人和家畜的食物来源被断绝了，人们不是被太阳的高温活活烧死就是成了野兽口中食，人间一片凄惨的景象。人们在火海灾难中苦苦挣扎，眼看着再也无法继续生活下去了。

这时，有个年轻英俊的英雄大神叫羿（后称"大羿"），他是个神箭手，箭法超群，可以说是百发百中。一天，他被天帝召唤去，领受了驱赶太阳的使命。

大羿领命之后看到人们生活在灾难中，心中十分不忍，便暗下决心射掉

大羿射日雕塑

■ 大羿受命射日浮雕

那多余的9个太阳，帮助人们脱离苦海。

于是，大羿不辞万苦，爬过了九十九座高山，跨过了九十九条大河，穿过了九十九个峡谷，来到了东海边，登上了一座山，山脚下就是茫茫大海。

大羿拉开了万斤力的弓弩，搭上了千斤重的利箭，满弓瞄准了天上那颗火辣辣的太阳，"嗖"的一箭射去，第一个太阳被射落了，天地间的温度降下去了很多。

紧接着，大羿又拉开弓弩，搭上利箭，"嗡"的一声射去，同时射落了两个太阳。这下，天上还有7个太阳张着红彤彤的眼睛瞪着大羿。大羿感到这些太阳仍很焦热，又狠狠地射出了第三支箭。这一次射得很有力，一下射落了4个太阳。

其他的太阳看到自己的兄弟一个个被射下来，吓得全身打颤，急的团团旋转。就这样，大羿一支接一支地把箭射向太阳，无一虚发，射掉了9个太阳。中了箭的9个太阳一个接一个地死去。

他们的羽毛纷纷落在地上，他们的光和热也一点

起源称谓

弩 是古代的一种冷兵器，出现应不晚于商周时期，春秋时期弩成为一种常见的兵器。弩也被称作"窝弓""十字弓"。古代用来射箭的一种兵器。它是一种装有臂的弓，主要由弩臂、弩弓、弓弦和弩机等部分组成。虽然弩的装填时间比弓长很多，但是它比弓的射程更远，杀伤力更强，命中率更高，对使用者的要求也比较低，是古代一种大威力的远距离杀伤武器。

嫦娥奔月图

王母娘娘 亦称为金母、瑶池金母、瑶池圣母、西王母。传说中的女神，原是掌管灾疫和刑罚的神，后于流传过程中逐渐女性化与温和化，而成为慈祥的女神。相传王母住在昆仑仙岛，王母的瑶池蟠桃园，园里种有蟠桃，食之可长生不老。

一点地消失了。直到最后剩下一个太阳，他怕极了，就按照大羿的吩咐，老老实实地为大地和万物继续贡献光和热。

从此，这个太阳每天从东方的海边升起，晚上从西边山上落下，温暖着人间，保持万物生存，人们安居乐业。大羿立下了汗马功劳，受到了人们的尊敬和爱戴，不少志士慕名前来投师学艺。奸诈刁钻、心术不正的逢蒙也混了进来。

不久，大羿娶了一个美丽善良的妻子，名叫嫦娥。嫦娥心地善良，时常将大羿狩猎得来的猎物分给乡邻，因此也备受人们的敬重，大家都很喜欢她。大羿每天除了传艺狩猎外，终日和妻子在一起，人们都羡慕这对郎才女貌的恩爱夫妻。

一天，大羿到昆仑山访友求道，巧遇由此经过的王母娘娘，便向王母求得一包不死药。据说，只要服下此药的一半，就可以长生不老，如果将此药全部服下，便能即刻升天成仙。

然而，大羿舍不得撇下心爱的妻子和乡亲们独自离去，于是只好暂时把不死药交给嫦娥珍藏，嫦娥将药藏进了梳妆台的百宝匣里，不料被逢蒙看到了。

这年的八月十五，大羿带弟子们练功去了。逢蒙却中途溜回来，闯进嫦娥的住处，逼她交出不死药。

为了不让仙药落到逢蒙的手中，嫦娥迫不得已，一口将药吞进肚子。刹那间，嫦娥身轻如燕，冲出屋门直飞云天。

但嫦娥实在不愿意离开丈夫，她只好在离地面最近的月亮上面住了下来。大羿晚上回家不见妻子，急忙向人们打听，侍女们哭诉了白天发生的事。

大羿既惊又怒，抽剑去杀恶徒，逢蒙早已逃走，大羿气得捶胸顿足，悲痛欲绝，仰望着夜空呼唤嫦娥。这时他发现，今天的月亮格外皎洁明亮，而且有个晃动的身影酷似嫦娥，就好像嫦娥正在看着自己一样。

大羿心如刀绞，他拼命地朝月亮奔去，可是他追一里，月亮退一里，怎么也追不上去。在万般无奈之下，他就在门前摆下供桌，上面放上嫦娥最爱吃的各种水果，遥向月亮上的妻子祭拜。

百姓们闻知嫦娥奔月成仙的消息之后，乡亲们见大羿这样做，也都照葫画芦地纷纷在月下摆设香案，向善良的嫦娥祈求吉祥平安。

从此，在每一年的八月十五晚上，大家都会一起对着月亮祭拜，拜月的风俗就这样在民间一直被保留了下来。

大羿射日浮雕

嫦娥奔月玉雕

团圆的中秋

据说嫦娥身体变轻，开始升空时，惶恐中的她想抓住点什么压下身子，慌乱之中便抱起了自己一直喂养的一只白兔。

白兔儿当然无法留住嫦娥，就随着她一起上了月亮，成为神话中一抹可爱温馨的色彩。据说玉兔在月宫有一只捣药杵，夜晚在药臼中捣制长生不老的灵药。

但是在我国的一些地区，关于嫦娥奔月的传说又有了另外的一种说法。说大羿成功射落了天上的9个太阳之后，成为普天下所敬仰的英雄。但是大羿的丰功伟绩，却受到了其他天神的妒忌，他们到天帝那里去进谗言，最终使天帝疏远了大羿，并把他永远贬斥到了人间。

满心委曲的大羿和妻子嫦娥只好隐居在人间，靠大羿打猎为生。根据《淮南子》的记载说，大羿觉得对不起受他连累而谪居下凡的妻子，便到西王母那里去求来了长生不死之药，好让他们夫妻二人在世间永远和谐地生活下去。

但是这样贫苦的日子生活久了，嫦娥开始厌烦了，一天她趁大羿不在家的时候，偷吃了全部的长生不死药。嫦娥由于背弃了丈夫，怕天庭诸神嘲笑，就投奔月亮女神常羲，想在月宫暂且安身。

《淮南子》又名《淮南鸿烈》《鸿烈》，是我国西汉时期创作的一部论文集，由西汉皇族淮南王刘安主持撰写，故而得名。该书在继承先秦道家思想的基础上，综合了诸子百家学说中的精华部分，对后世研究秦汉时期文化起到了不可替代的作用。

可是月宫空无一人，出奇的冷清，她在漫漫长夜中咀嚼孤独、悔恨的滋味，慢慢地变成了月精白蛤蟆，在月宫中终日被罚捣不死药，过着寂寞清苦的生活。

奔月以后的嫦娥，经常回想起丈夫平日对她的好处和人世间的温情，对比月亮里的孤独，倍觉凄凉。所谓"嫦娥应悔偷灵药，碧海青天夜夜心"。

于是，嫦娥向丈夫大羿托梦倾诉自己的懊悔之情，取得大羿的原谅之后，又说："平时我没法下来，明天乃月圆之时，你用面粉做丸，团团如圆月形状，放在屋子的西北方向，然后再连续呼唤我的名字。到三更时分，我就可以回家来了。"

第二天，大羿照着妻子的吩咐去做，果然在夜半三更的时候，嫦娥由月中飞来，夫妻俩终于团圆了，中秋节做月饼供嫦娥的风俗，也就由此形成，是世人渴望美好团圆和幸福生活的情感流露。

阅读链接

关于月中玉兔捣药的故事，还有一种说法。相传在很久很久之前，有3位神仙闲来无聊，就相约变成了3个年过花甲的可怜老人，并向狐狸、猴子、兔子求食，狐狸与猴子都有食物可以济助，唯有兔子束手无策。

后来，兔子就说："你们吃我的肉吧！"

话音刚落，兔子就跃入烈火之中，将自己烧熟。神仙大受感动，把兔子送到月宫内，成了玉兔，陪伴嫦娥，并捣制长生不老药。

古时候，文人写诗作词，常常以玉兔象征月亮，像辛弃疾的《满江红·中秋》即以玉兔表示月亮。至于诸多的小说，也常常使用此等掌故以暗示月亮。在道教中，玉兔常常与金乌相对，表示金丹修炼的阴阳协调。

玄宗游月宫并大力推广

　　相传到了唐代718年的时候，唐玄宗李隆基与申天师及道士鸿都在中秋望月，玄宗突然兴起，有了游月宫的念头。

　　于是天师作法，三人一起步上青云，漫游月宫。在玉光玲珑的月亮中，突然看见一座飞浮着的宫殿，宫殿前榜书"广寒清虚之府"。宫前有守门兵卫，三人皆不能进入，唐玄宗感觉十分遗憾。

唐玄宗/明皇游月宫扇面

接着，天师又带着唐玄宗跃身到云端烟雾中，透过云头，俯瞰长安皇城。正观望之时，闻到一股沁人的浓郁清香飘来，长空下视如万顷玻璃琼田，一片透明。仙人道士，有的乘云，有的驾鹤，冉冉飘来，在空中往来游戏，好不热闹。

又听到仙乐阵阵，清丽奇绝，唐玄宗素来熟通音律，听得音律，默记心中，正是"此曲只应天上有，人间哪得几回闻！"

正在唐玄宗入迷如痴之时，申天师却请归宫。三人如旋风一般降落人间。唐玄宗回忆月宫仙娥的音乐歌舞，自己又谱曲编舞，这便是历史上有名的《霓裳羽衣曲》。

《霓裳羽衣曲》描写唐玄宗向往神仙而去月宫见到仙女的神话，其舞、其乐、其服饰都着力描绘虚无缥缈的仙境和舞姿婆娑的仙女形象，给人以身临其境的艺术感受。

白居易有《霓裳羽衣舞歌》诗，对此曲的结构和舞姿作了细致的描绘，分散序、中序和曲破3部分，

李隆基（685年~762年），亦称唐明皇，在位前期注意拨乱反正，任用姚崇、宋璟等贤相，励精图治，他的开元盛世是唐朝的极盛之世，在位后期怠慢朝政，导致了后来长达八年的安史之乱，为唐朝中衰埋下伏笔。756年李亨即位，尊其为太上皇，762年病逝。

团圆的中秋

■ 祭祀供台

融歌、舞、器乐演奏为一体。全曲共36段，表现了我国道教的神仙故事。

《霓裳羽衣曲》在唐宫廷中备受青睐，在盛唐时期的音乐舞蹈中占有重要的地位。玄宗亲自教梨园弟子演奏，由宫女歌唱，用女艺人30人，每次10人。

《霓裳羽衣曲》表明唐代大曲已有了庞大而多变的曲体，其艺术表现力显示了唐代宫廷音乐所取得的巨大成就。其乐队通过白居易的《霓裳羽衣舞歌》可看出《霓裳羽衣曲》伴奏采用了磬、筝、箫、笛、箜篌、觱篥、笙等金石丝竹，乐声"跳珠撼玉"般令人陶醉。

后来，经过玄宗的大力提倡和推广，中秋赏月逐渐成为了普天之下一种共同的习俗，在《明皇杂录》《天宝遗事》中就记载了许多玄宗赏月的逸事。说有一年的中秋，玄宗请在宫廷内值夜的学士们饮酒赏月，侍从在宴前陈设灯烛。

玄宗说："清明的月光这么可爱，何必再用灯烛呢？"遂命人撤去灯烛，君臣们在月光下饮酒赋诗，好不畅快！

其实，中秋赏月的习俗在两汉时已具雏形，到了唐代，中秋赏月之俗开始进入了盛行阶段，曾经一度被人们称为"端正月"，后来被定为中秋节，当时的开国子监四门助教欧阳詹在《长安玩月诗序》中说：

> 八月于秋，季始孟终；十五于夜，又月之中。稽于天道，则寒暑均，取于月数，则蟾魄圆。故曰中秋。

唐代前期政局稳定，文化、政治等方面都有辉煌的成就，是当时最强大的一个国家。在这期间涌现出了很多杰出的诗人，这些诗人墨客们纷纷吟咏月亮及月中之事，八月十五月圆时成为抒发感情的极佳时刻。

我国人历来讲孝道、重人伦，尤其是讲究家族血

箜篌 一种十分古老的弹弦乐器，最初称"坎侯"或"空侯"，在古代除宫廷雅乐使用外，在民间也广泛流传，在古代有卧箜篌、竖箜篌、凤首箜篌三种形制。后来不再流行，以致慢慢消失，只能在以前的壁画和浮雕上看到一些箜篌的图样。

■ 中秋宴饮图

李朴 字先之，虔州兴国迳口人，登绍圣元年进士及第。因直言隆佑太后不当废处瑶华宫事而被停职。著有《章贡集》20卷，《千家诗》中辑有其诗作，其生平载入《宋史·李朴传》中。

缘关系。人们把圆满的月光，引申为家族美满团圆的象征。中秋之夜思亲就成为诗咏的主题，圆净光辉的月亮，被多愁善感的诗人写入数不尽的诗篇中。

如唐代诗人李朴的《中秋》：

皓魄当空宝镜升，云间仙籁寂无声。

平分秋色一轮满，长伴云衢千里明。

狡兔空从弦外落，妖蟆休向眼前生。

灵槎拟约同携手，更待银河彻底清。

《月下吹箫图》

还有唐代刘禹锡的《八月十五夜玩月》：

天将今夜月，一遍洗寰瀛。

暑退九霄净，秋澄万景清。

星辰让光彩，风露发晶英。

能变人间世，悠然是玉京。

刘禹锡还作有《八月十五夜桃源玩月》：

尘中见月心亦闲，

况是清秋仙府间。

凝光悠悠寒露坠，

此时立在最高山。

碧虚无云风不起，

山上长松山下水。

群动悠然一顾中，

天高地平千万里。

少君引我升玉坛，

礼空遥请真仙官。

云拼欲下星斗动，

天乐一声肌骨寒。

金霞昕昕渐东上，

轮欹影促犹频望。

绝景良时难再并，

他年此日应惆怅。

唐代诗人白居易《八月十五日夜湓亭望月》写道：

昔年八月十五夜，曲江池畔杏园边。

今年八月十五夜，湓浦沙头水馆前。

西北望乡何处是，东南见月几回圆。

昨风一吹无人会，今夜清光似往年。

唐代诗人皮日休《天竺寺八月十五日夜桂子》，充满了美妙的想象：

玉颗珊珊下月轮，殿前拾得露华新。

至今不会天中事，应是嫦娥掷与人。

唐代大诗人李白所作的《古朗月行》，将神话传

■ 赏月图

刘禹锡（772年~842年），字梦得，晚年自号庐山人，河南洛阳人。唐代诗人、文学家和哲学家。刘禹锡的诗，无论短章长篇，大都简洁明快，风情俊爽，有一种哲人的睿智和诗人的挚情渗透其中，极富艺术张力和雄直气势。

■ 李白举杯邀明月图

说赋予诗中，意丰蕴满：

小时不识月，呼作白玉盘。
又疑瑶台镜，飞在青云端。
仙人垂两足，桂树何团团。
白兔捣药成，问言与谁餐？
蟾蜍蚀圆影，大明夜已残。
羿昔落九乌，天人清且安。
阴精此沦惑，去去不足观。
忧来其如何，凄怆摧心肝。

　　中秋之夜，明月当空，清辉洒满大地。文人墨客们将月圆当作团圆象征，把八月十五作为亲人团聚的日子，将自己思绪寄托在一首首诗歌当中，以衬托自己对家人的思念，这也成为人们历来重视中秋节的一个主要因素。

　　中秋节成为一年之中重大节日，与科举考试也有着极其微妙的关系。

　　在我国长期的封建社会里，开科取士，一直是统治者十分重视的一件大事。而三年一次秋闱大考，恰好安排在八月里举行。凡本省科举生员与监生均可应考。主持乡试有主考两人，同考4人，提调1人，其他官员若干人。

　　考试分三场，分别于八月初九、十二和十五进行。乡试考中的称举人，俗称孝廉，第一名称解元。

科举考试 隋唐至清代的封建王朝分科考选文武官吏及后备人员的制度。隋朝以前，采用的是世袭制和九品中正制选拔官员，这些制度导致出身寒门的普通人无法步入仕途，隋朝开始改为科举制，使得任何参加者都有成为官吏的机会。

唐伯虎乡试第一，故称唐解元。乡试中举叫乙榜，又叫乙科。放榜之时，正值桂花飘香，故又称桂榜。放榜后，由巡抚主持鹿鸣宴。席间唱《鹿鸣》诗，跳魁星舞。

在《洛中见闻》曾记载中秋节新科进士曲江宴时，唐僖宗令人送月饼赏赐进士。

胜景与激情结合在一起，人们便将应试高中者，誉为月中折桂之人。这也成为中秋节的来源之一。

阅读链接

早在魏晋时期，中秋就有赏月之习。此后，记载中秋赏月的诗文层出不穷，并有了吴彩鸾会文箫等优美的神话，为中秋之月增添了许多迷人的色彩。

唐裴铏的《传奇·文箫》里说吴彩鸾隐居在成都附近西山，是三国时吴西安令吴猛之女。时有得道之士丁义曾授吴猛以道法。彩鸾师事于丁义之女秀英，道法亦深。有金陵文箫，寄寓于洪州之帷观。

八月十五为许真君上升之日，该观士女云集，连袂踏歌，谓之"酬愿"。文箫忽见一姝，美艳非常，即吴彩鸾。其所踏歌，含以文箫名姓，且有神仙之语，文箫觉得很是奇异，便尾随其后。

入松林，所居如官府，侍卫环列，文箫再三问其故，彩鸾说："此不可轻泄，吾当为子受祸矣。"

言后片刻，果然有黄衣使者降临告曰："吴彩鸾为私欲泄天机，谪为民妻一纪！"

彩鸾遂与文箫结为连理。其后俱乘虎入于越王山中，道成升天，后人誉为"神仙眷属"。

中秋被正式定名为节日

宋太宗赵炅

　　尽管关于中秋节的起源有很多，但是正式明文规定中秋节为节日是在北宋太宗年间。当时，宋太宗赵炅在京城开封正式定八月十五为中秋节，取意于三秋的正中，届时万民同庆，举国同喜。

　　中秋节成为正式的节日，又与北宋京城开封举行的科举考试有关。当时，北宋非常重视开科取士，三年一次秋闱大考恰好安排在农历八月举行。

　　于是，佳节和桂冠结合在一起，人们就把应试高中者誉为月中折桂之人。每到中秋，就进行隆重的庆贺，成为全国的重要风俗，经朝历代，盛行不衰。

所以从北宋开始，中秋节逐渐成为和春节、端午并列的三大节日之一。在《宋史·太宗纪》中说：

以八月十五为中秋节。

从此，中秋节开始作为正式的节日，最先在开封盛行开来，接着风行全国。

北宋时，中秋节之际，开封有许多习俗，《东京梦华录》中记载说：

中秋夜，贵家结饰台榭，民间争占酒楼玩月。

当时的开封，中秋节之夜，月亮一升起来，人们以爬山登楼先睹明月为快。然后，家家户户开始祭月，供品有月饼、瓜果、鸡冠花等，以月饼为主。当夜，开封满城的人家，不论穷富老小，都要焚香拜月，说出心愿，祈求月亮神的保佑。

端午节 为每年农历五月初五，又称端阳节、五月节等。端午节起源于我国，最初是人们以祛病防疫的节日，后来传说爱国诗人屈原在这一天死去，也同时成了人们纪念屈原的传统节日，以围绕才华横溢、遗世独立的楚国大夫屈原而展开，传播至华夏各地，民俗文化共享，屈原之名尽皆知，追怀华夏民族的高洁情怀。

祭祀祈福

蟾宫 早在战国时代，古人就传说月中有蟾蜍。屈原在《天问》中说："夜光何德，死则又育？厥利惟何，而顾菟在腹？"因为月宫中有蟾，所以人们俗称月宫为"蟾宫"。蟾宫即广寒宫，是神话景观，是上界神仙为嫦娥在月亮上建造的一座宫殿。因为这座宫殿是一个具有宇宙灵性的蟾蜍幻化而成，所以广寒宫又称作蟾宫。

宋代京师的中秋之夜，倾城人家，无论贫富，从能行走的孩童至十二三岁的少年，都要穿上成人的服饰，登楼或于庭中，焚香拜月，各有所期。

男孩期望"早步蟾宫，高攀仙桂"，意思是说请月神保佑，早日科举成名。月中嫦娥以美貌著称，故少女拜，愿"貌似嫦娥，面如皓月"。

祭月后，人们开始吃月饼、赏月。在《燕京岁时记·月饼》中说：上供的月饼，到处皆有，大者尺余，上面绘有月宫蟾蜍之形，有的祭月完毕而食之。这就是宋代中秋节吃月饼的习俗，这种习俗一直沿袭了下来。

当天，街道上的大小酒家都要重新装点一番店面，用绸缎搭建彩楼，花团锦簇，挑出醉仙酒旗，开始卖新酒。人们纷纷来到酒家痛饮，到中秋节下午，酒都卖光了，酒家便扯下酒旗。

这个时节，正是螃蟹刚刚上市，还有楲栳、梨、枣、栗、葡萄和橙子等一些新鲜果品。中秋夜，富贵人家在装饰华美的台榭赏月，一般人家则赶去酒楼占好位子。四下音乐声鼎沸，离皇宫近的居民，夜深还能听到远远传来笙竽之声，宛若云外。平民街巷里，儿童嬉戏通宵，热热闹闹的夜市，一直开到天亮。

而在北宋的皇宫里，则是吃的宫饼，民间吃的是小饼、月团。这些中秋节特制的饼类，又被称为"荷叶""金花""芙蓉"等，制作方法非常精巧，这是月饼的前身。

北宋大文豪苏东坡有诗称赞说："小饼如嚼月，中有酥与饴。"

酥是油酥，饴就是糖，其味道甜脆香美，便可想而知了。

后来，人们制作月饼不仅讲究味道，而且还设计了各种各样与月宫传说有关的图案。饼面上的图案，起初先画在纸上，再粘贴在饼面上。后来，直接用模子压制在月饼上。

对宋人来说，中秋是世俗欢愉的节日。宋代的中秋夜是不眠之夜，夜市通宵营业，玩月游人，达旦不绝。这个时候，更少不了文人墨客的诗词。

苏东坡（1037年~1101年），北宋书画家、文学家、美食家，是豪放派词人的主要代表之一。在政治上属于旧党，但也有改革弊政的要求。其文汪洋恣肆，明白畅达，其诗题材广泛，内容丰富，存诗3900余首。著有《东坡七集》和《东坡乐府》等。

■ 中秋月饼

苏轼画像

团圆的中秋

米芾（1051年~1107年），北宋书法家、画家、书画理论家。天资高迈、人物萧散，好洁成癖。被服效唐人，多蓄奇石。世号米颠，书画自成一家。能画枯木竹石，时出新意，又能画山水，创为水墨云山墨戏，烟云掩映，平淡天真。善诗，工书法，精鉴别。擅篆、隶、楷、行、草等书体，长于临摹古人书法，宋四家之一。

宋代米芾在《中秋登楼望月》中写道：

目穷淮海满如银，
万道虹光育蚌珍。
天上若无修月户，
桂枝撑损向西轮。

宋代诗人苏轼的《水调歌头》：

明月几时有？把酒问青天。不知天上宫阙，今夕是何年。我欲乘风归去，又恐琼楼玉宇，高处不胜寒！起舞弄清影，何似在人间？

转朱阁，低绮户，照无眠。不应有恨，何事长向别时圆？人有悲欢离合，月有阴晴圆缺，此事古难全。但愿人长久，千里共婵娟。

这首《水调歌头》，是苏轼在丙辰年中秋，欢饮达旦，大醉之后所作。其中表达了苏轼对弟弟子由的思念之情。

此外，苏轼在《中秋月》中慨叹："暮云收尽溢清寒，银汉无声转玉盘。此生此夜不长好，明月明年何处看。"

宋代词人辛弃疾的《太常引·建康中秋夜为吕叔潜赋》，表达了其中秋之夜的情愁：

　　　　一轮秋影转金波，飞镜又重磨。把酒问姮娥：被白发，欺人奈何？乘风好去，长空万里，直下看山河。斫去桂婆娑。人道是，清光更多。

宋代女词人李清照的《一剪梅》，其中中秋之夜的相思滋味甚是凄苦：

　　　　红藕香残玉簟秋。轻解罗裳、独上兰舟。云中谁寄锦书来？雁字回时，月满西楼。

《水调歌头》
词牌名，又名"元会曲""凯歌""台城游"等。上下阕，95字，平韵。相传隋炀帝开汴河时曾制《水调歌》，唐人演为大曲。大曲有散序、中序、入破三部分，"歌头"当为中序的第一章。双调94字至97字，前后片各四平韵。

■ 月饼酥

花自飘零水自流。一种相思，两处闲愁。此情无计可消除，才下眉头，却上心头。

此外，台湾也有对中秋的吟咏，《中秋旅思》就表达了中秋思念家乡的心情：

孤影看分雁，千金念弊貂；

故乡秋忆月，异国夜惊潮。

手未攀丹桂，以犹卷缘蕉；

登楼悲作赋，西望海天遥。

■ 中秋赏月图

《月夜思乡》同样表达思念家乡的愁绪，"星稀月冷逸银河，万籁无声自啸歌，何处关山家万里，夜来枨触客愁多。"

这些诗词，无不表达了历代文人雅士在中秋之时，仰望明月，倾诉自己的情思与不尽的慨叹，令人惆怅不已。当时的宋人，已经将团圆意识和中秋节令接连到了一起，宋代城市的居民每年都会在中秋这一天阖家共赏圆月。

后来，由于理学的浸染，民间社会乡族观念的增强，同时也因为人们在世俗生活中，更加认识到家族社会的力量。因此，人们在思想情感上，对家庭更为依恋。

秋收之际的中秋节，正是加强亲族联系的良机。值得注意的是，中秋节民间尤其重视夫妇的团圆。出嫁的妇女中秋要赶到娘家与父母团聚，当天又必须返回夫家，与夫君团圆，有俗语就说：

中秋团圆赏月图

宁留女一秋，不许过中秋。

一代文豪孟元老在追述北宋都城东京开封府城市风貌的著作《东京梦华录》中说："中秋夜，贵家结饰台榭，民间争占酒楼玩月"；而且"弦重鼎沸，近内延居民，深夜逢闻笙竽之声，宛如云外。间里儿童，连宵嬉戏；夜市骈阗，至于通晓。"

吴自牧在《梦粱录》中说："此际金风荐爽，玉露生凉，丹桂香飘，银蟾光满。王孙公子，富家巨室，莫不登危楼，临轩玩月，或开广榭，玳筵罗列，琴瑟铿锵，酌酒高歌，以卜竟夕之欢。至如铺席之家，亦登小小月台，安排家宴，团围子女，以酬佳节。虽陋巷贫窭之人，解衣市酒，勉强迎欢，不肯虚度。此夜天街卖买，直至五鼓，玩月游人，婆娑于市，至晓不绝。"

到了明代，出现了关于"团圆节"的最早记载，在礼部主事田汝成的《西湖游览志余》中就提到：

八月十五谓中秋，民间以月饼相送，取团圆之意。

在一部详细记载北京景物的古书《帝京景物略》中也说：

八月十五祭月，其饼必圆，分瓜必牙错，瓣刻如莲花……其有妇归宁者，是日必返夫家，曰团圆节。

中秋祭月

在中秋的晚上，我国大部分地区还有烙"团圆"的习俗，即烙一种象征团圆、类似月饼的小饼子，饼内包糖、芝麻、桂花和蔬菜等，外压月亮、桂树、兔子等图案。

祭月之后，由家中长者将饼按人数分切成块，每人一块，如果有人因事不在家即为其留下一份，表示合家团圆。

团圆是中秋节的中心意义。因为家族生活的关系，我国人有很强的家族伦理观念，重视亲族情谊与血亲联系，从而较早形成了和睦团圆的民俗心理。家庭成员的团聚成为家族生活中的大事，民俗节日就为民众的定期会聚提供了时机。

在传统的年节中，都不同程度地满足着人们团圆的要求，如除夕的"团年"、重阳的聚饮等。

中秋为花好月圆之时，"海上生明月，天涯共此时"，人们由天上的月圆联想到人世的团圆。因此，中秋在古代被视为一种非常特别的"团圆节"。

■ 古人中秋赏月

中秋赏月，最盛是在宋代。每逢这一天，东京的所有酒楼都要重新装饰门面，扎绸彩的牌楼，出售新启封的好酒。

铺子堆满新鲜佳果，夜市之热闹，一年之中少见。显官和豪门，都在自己的楼台亭榭中赏月，琴瑟铿锵，至晓不绝。

一般的居民则争先占住酒楼，以先睹月色为快，并且安排家宴，团圆子女。正如记述南宋时杭州风土人情的《武林旧事》中记载：

禁中是夕有赏月延桂排当，如倚桂阁、秋晖堂、碧岑，皆临时取旨，夜深天乐直彻

重阳节 为农历九月初九。《易经》中把"九"定为阳数，九月初九，两九相重，故而叫重阳，也叫重九。重阳节早在战国时期就已经形成，到了唐代，重阳被正式定为民间的节日，此后历朝历代沿袭。重阳"踏春"皆是家族倾室而出，重阳这天所有亲人都要一起登高"避灾"，插茱萸、赏菊花。

团圆的中秋

《武林旧事》
成书于1290年以前，为追忆南宋都城临安城市风貌的著作，全书共10卷。作者按照"词贵乎纪实"的精神，根据目睹耳闻和故书杂记，详述朝廷典礼、山川风俗、市肆经纪、四时节物、教坊乐部等情况，为了解南宋城市经济文化和市民生活，以及都城面貌、宫廷礼仪，提供了较丰富的史料。

■ 《赏月图》

人间。御街如绒线、蜜煎、香铺，皆铺设货物，夸多竞好，谓之"歇眼"。灯烛华灿，竟夕乃止。此夕浙江放"一点红"羊皮小水灯数十万盏，浮满水面，烂如繁星，有足观者。或谓此乃江神所喜，非徒事观美也。

这是关于中秋节放花灯的最早记录。在整个唐宋时期，中秋只是一般的社交娱乐性节日，中秋节的主要活动是赏月、玩月。

到了明清时期，中秋节的性质发生了变化，人们同样赏月，但是似乎更加关注月神的神性意义，以及现实社会人们之间的伦理关系与经济关系。

中秋是丰收的时节，人们利用中秋节俗表达人们对丰收的庆祝。

祭祀月亮时的时令果品，既是对月亮的献祭，更是对劳动果实的享用。

据吴自牧的《梦粱录》记载，南宋时期，在每年的中秋夜里，皇宫中有赏月游园的活动，比如倚桂阁、秋晖堂、碧岑，都是临时由皇帝下旨安排。一直到夜深，宫中的音乐还飘传到宫外。御街上的绒线铺、蜜饯铺、香铺，纷纷摆出货物，争多比好，这还有一个说法，叫"养眼"。

灯烛华灿，一直到天光才消停。这夜里，浙江还有放"一点红"羊皮小水灯的风俗，数十万盏小水灯浮满水面，灿如繁星，十分壮观。有人说这是迎合江神的喜好，不仅仅是图个好看。

宋朝在杭州还有一个特殊的中秋景观，就是钱塘观潮。由于钱塘江口地形类似一漏斗，每当海潮涌至，受到渐进渐狭的地形影响，波浪便重重叠叠堆积成一道水墙，声势极为壮观。

苏东坡在杭州任佑府时，曾作过一首《中秋夜观潮》，描述观潮人数之众多，及潮水汹涌之气势：

■ 八月十五闹花灯

> 定知玉兔十分圆，已作霜风九月寒。
> 寄语重门休上锁，夜潮留向月中看。
> 万人鼓噪慑吾侬，犹似浮江老阿童。
> 欲识潮头高几许，越山浑在浪花中。

《武林旧事》中的另一段文字则更具体地描述了潮水震撼天地的磅礴气势：

> 方其远出海门，仅如银线，既而渐近，则玉城雪岭，际天而来。大声如雷霆，震撼激射，吞天沃日，势极雄豪。

花灯 又名灯笼。是我国传统农业时代的文化产物。花灯是汉民族数千年来重要的娱乐文化，是汉民族民间文化的瑰宝。灯笼是一种传统民间工艺品，在古代，其主要作用是照明，由纸或者绢作为灯笼的外皮，骨架通常使用竹或木条制作，中间放上蜡烛或者油灯，成为照明工具。

《夜月观潮图》

中秋之时，杭州人在钱塘江上举行观潮和看弄潮儿的表演。是时，江边士人云集，上下几十千米，地无寸隙。一些弄潮儿披发文身，手执巨幅彩旗，树画伞，踏涛踩浪，出没于鲸波万仞中，腾跃百变，各展技艺，豪民富客们争赏财物，好不热闹。

团圆的中秋

阅读链接

传说，很久以前有一对修行千年的兔子，得道成了仙。它们有4个可爱的女儿，个个生得纯白伶俐。

一天，玉皇大帝召见雄兔上天宫，在途中看到嫦娥孤单的身影，就很同情她。但是自己力量微薄，能帮什么忙呢？兔仙忽然想到了自己的4个女儿，它立即飞奔回家。

兔仙把嫦娥的遭遇告诉雌兔，并说想送一个孩子跟嫦娥做伴。雌兔虽然深深同情嫦娥，但是又舍不得自己的宝贝女儿，一个个泪流满面。

雄兔语重心长地说："如果是我孤独地被关起来，你们愿意陪伴我吗？嫦娥为了解救百姓，受到牵累，我们能不同情她吗？孩子，我们不能只想到自己呀！"

孩子们明白了父亲的心，都表示愿意去。雄兔和雌兔眼里含着泪，笑了。它们决定让最小的女儿去。小玉兔告别父母和姐姐们，飞到了月宫，陪伴嫦娥居住了！

饮食文化

八月十五中秋节，正值春华秋实，一年的辛勤劳动换来了丰硕的果实。届时，家家户户置办佳肴美酒，怀着丰收的喜悦欢度佳节。

每年的中秋节，在全国各地都会有赏月、吃月饼的习俗，家家都要隆重地置办一桌佳肴美酒，家人团圆庆祝的同时表达对中秋时节丰收的喜悦。

我国地大物博，不同地方会有不同的庆祝方式，各地中秋饮食习俗也不尽相同，从而形成了我国丰富多彩的中秋饮食风俗文化。

月饼在我国的缓慢发展

　　我国古代称"糕饼"为"饼饵"。在我国关于面的历史上，"饼饵"一直都是糕饼的泛称。所以，"饼饵"应该是月饼的最初原型。月饼作为一种节令食品，也是由普通饼食演化发展过来的。

　　《周礼·醢人》郑众注述："酏食，以酒酏为饼。"贾公谚："以酒酏为饼，若今起胶饼"，胶字写为教。古文字音同相通，

中秋美食月饼

"教"通"酵"，应该说"酏食"是我国最早的发酵饼。

秦统一六国以后，人们生产生活水平都有了较大的提高，发酵原料普遍应用，为汉代开始形成以粉制食品为原料的饼饵行业增添了繁荣，从汉刘熙《释名·释饮食》中记载：

■ 中秋月饼与苹果

饼，并也，溲面使合并也。胡饼作之，大漫冱也，亦言胡麻著也。蒸饼、汤饼、蝎饼、髓饼、金饼、索饼之属，皆随形而名之也。

"随形而名之"则是按饼食形状不同而起名。其中"胡饼"是用烤炉制的饼食。

到了北魏，我国第一部农业百科全书《齐民要术》中就详细记载了我们祖先制作各种饼食的方法，如"饼法"中，就记述了白饼法、烧饼法、髓饼法、截饼法、粉饼法，如髓饼法：

以髓脂、蜜合和面。制成厚四五分，广六七寸，便著胡饼炉中，令熟。勿令反复，饼肥美，可经久。

《周礼》儒家经典，从其思想内容分析，则说明儒家思想发展到战国后期，融合道、法、阴阳等家思想，春秋孔子时对其进行了极大补充。涉及内容丰富，堪称为上古文化史之宝库。对礼法、礼义作了最权威记载和解释，对历代礼制影响最为深远。

从这里可以看出，胡饼和髓饼应是月饼的雏形。殷商时期，人们第一次将饼和月联系在一起，据史料记载，当时的民间已经有了一种为纪念太师闻仲的"边薄心厚太师饼"，是一种简单的面皮包糖酱馅心圆饼，可以说，"太师饼"是我国月饼的"始祖"。

另外，中秋节吃饼最早是源于民族拜月的仪式。人们以饼、各色水果等奉献给月神，月神"享用"祭品之后，人们再分切饼食之。

隋唐时期，国家的统一和经济的繁荣以及大运河的开通，使得交通运输变得更为便捷，方便的交通促进了那时南北经济文化交流。

汉朝的时候，开始有了带果仁馅料的胡饼，这是早期的月饼。汉代张骞出使西域时，引进芝麻、胡桃，为月饼的制作增添了辅料，这时便出现了以胡桃仁为馅的圆形饼，名为"胡饼"。

■ 月饼制作

唐朝时，月饼初见记载。唐代民间已有从事生产的饼师，京城长安也开始出现糕饼铺，繁荣的经济使那时饼饵行业有了空前的发展，经营规模也逐渐扩大。据说唐代长安著名的胡饼店铺就不下十来家了。

唐高祖时，李靖出征突厥，并于中秋节凯旋。当时，恰有一个吐蕃商人进献胡饼，李渊很高兴，手拿胡饼，指着当空的皓月说："应将胡饼邀蟾蜍。"随后，李渊将胡饼分给群臣食之，而"蟾蜍"正是月亮的别称。

后来有一年中秋之夜，唐玄宗和杨贵妃在赏月吃胡饼，唐玄宗嫌"胡饼"的名字不好听，杨贵妃仰望着天空皎洁的明月，一时心潮澎湃，便随口而出"月饼"，太宗听后大喜，便传旨将"胡饼"改称"月饼"，从此"月饼"名称便在民间逐渐流传开了。

北宋皇家在中秋节喜欢吃一种"宫饼"，民间俗称为"小饼"和"月团"。月饼一词也曾在南宋吴自牧的《梦粱录》中出现过，据记载，那时的月饼是菱花形的，和菊花饼、梅花饼等同时存在，并且是"四时皆有，任便索唤，不误主顾"。

后来，宋代文学家周密在记叙南宋都城临安见闻

■ 美食月饼

张骞 （？～公元前114年），字子文，汉中郡城固人，汉代卓越的探险家、旅行家与外交家，对丝绸之路的开拓有重大的贡献。开拓汉朝通往西域的南北道路，并且从西域诸国引进了汗血马、葡萄、苜蓿、石榴、胡麻等物。曾奉命出使西域，为丝绸之路的开辟奠定了基础。

■ 做月饼的模具

周密 （1232年~约1298年），南宋词人、文学家。祖籍济南，流寓吴兴。宋德右间为义乌县，入元隐居不仕。自号四水潜夫。他的诗文都有成就，又能诗画音律，尤好藏弃校书，一生著述较丰。著有《齐东野语》《武林旧事》《癸辛杂识》《志雅堂要杂钞》等杂著数十种。

的《武林旧事》中首次提到"月饼"的名称。

可见这时的月饼，还不只是在中秋节吃。至于月饼这个名词的来历，已无从考证。但是北宋著名文人苏东坡留有"小饼如嚼月，中有酥和饴"的诗句，或许这是月饼这个名称的来源以及月饼做法的根据。

当时，制作月饼的原料已经非常广泛了，杨光辅在他所著的《淞南乐府》一书中写道：

淞南好，时物荐秋香，月饼饱装桃肉馅，雪糕甜彻蔗糖霜，新谷渐登场。

这里已说明那时月饼馅料的用料已很讲究了。糕饼制品品种繁多，糕点行业也已逐渐形成了专业化。

但从文献记载看，当时的节日重在尝新，如尝石榴、枣、栗、橘、葡萄等时新水果，饮新酒等，有"秋尝"的意味，那个时候还没有将月饼作为重要的节令食品。

以月饼为中秋特色食品及祭月供品的风俗，大概始于明朝。当时，明太祖朱元璋正在领导军队平叛，约定在八月十五这一天出兵，以互赠月饼的办法把字条夹在月饼中传递消息。很快，叛乱就被平定了。

消息传来，朱元璋高兴得连忙传下口谕，在即将来临的中秋节，让全体将士与民同乐，并将当时以秘密传递信息的"月饼"，作为节令糕点赏赐群臣。

此后，"月饼"制作越发精细，品种更多，大者如圆盘，成为相互馈赠的佳品。

中秋节吃月饼的习俗便在民间广泛地流传开来，同时，月饼也被赋上了民族抗争精神的化身意义。

据《客座赘语》记载，南京有一位铁冠道人道术高明，能预知未来之事。

明太祖对此不以为然，于是召见道人问道："今天我有什么事呢？"

铁冠道人回答说："太子某时进饼。"

《客座赘语》为明代顾起元所著的史料笔记，成书于1617年。全书10卷，计文467篇，记述明朝南都金陵地区的地理形势、水陆交通、户籍赋役、街道坊厢、山川河流、名胜古迹、方言俗语、名物称谓、天文历法、科举制度、风土人情、习俗变化等，内容丰富多彩，无所不有。为后人留下了不少珍贵史料。

037

饕餮盛宴

饮食文化

■ 中秋美食月饼

■ 中秋月饼

《宛署杂记》成于1593年，作者为明代沈榜，湖广临湘人，1590年任顺天府宛平县知县，在任期间留心时事，搜寻掌故，根据署中档案材料编著了《宛署杂记》，它记载了明代社会政治、经济、历史风俗民情等资料，在北京史书匮乏的封建社会，它实际是宛平的县志，也是北京最早的史书之一。

这天正是中秋之日，太祖遂命人将道人锁在房中，等待验证他所说的话。等到那个时辰，太子果然来进奉饼食。

在明朝宫廷，中秋之日太子要向父皇进献月饼。民间城乡更是以月饼为节日的礼物，互相馈送。明代文人沈榜编著的《宛署杂记》说，每到中秋，百姓制作面饼互赠，呼为"月饼"。

从这个时候开始，出现了大量关于月饼的记载，这时的月饼已是圆形，而且只在中秋节吃，是明代起民间盛行的中秋节祭月时的主要供品。在《帝京景物略》中说：

八月十五祭月，其祭果饼必圆。

家设月光位于月所出方，向月而拜，则焚月光纸，撤所供，散之家人必遍。月饼月果，戚属馈相报，饼有径二尺者。

当时，一些心灵手巧的饼师，还把嫦娥奔月的神话故事作为食品艺术图案印在月饼上，使月饼成为更受人民青睐的中秋佳节的必备食品。

明代田汝成的《西湖游览志余》中说：

> 八月十五日谓之中秋，民间以月饼相赠，取团圆之义。

中秋民间以月饼为礼品相互赠送，取团圆之意。苏东坡的绝句"但愿人长久，千里共婵娟"，就十分贴切地道出了人们在中秋吃月饼时盼团圆的愿望。

到了清代，清朝统治者的宫廷生活皆袭明制，每

田汝成 字叔禾，原为钱塘人，后因与诗人蒋灼交往甚厚，便移家居余杭方山。明嘉靖五年进士。曾因违背圣意而被贬。所著《炎徼纪闻》《龙凭记略》，详细记叙西南边境各兄弟民族的生活习俗。罢官后，浪迹西湖，穷览湖山，又谙晓先朝遗事。在此基础上，撰成《西湖游览志》24卷、《西湖游览志余》26卷。

饕餮盛宴

饮食文化

■ 中秋超大月饼

遇中秋，便制月饼。为了更加适合本民族的饮食习惯，清宫在制作月饼的时候，在馅心中掺入了奶油等，出现了"敖尔布哈月饼"等特色品种，敖尔布哈为满语，汉意是奶饼子。

在块形上，清宫月饼小者寸许，大者尺余。重量上，轻者盈两，重者10千克。在品种上，除敖尔布哈月饼外，尚有桃顶月饼、供尖月饼、自来红月饼等20余种。月饼的花色品种进一步斗奇争妍。据说，大的直径有一尺余，上绘月宫蟾兔之形，用作祭祀。

清宫祭月时，多在某一院内，向东放一架屏风，屏风两侧搁置鸡冠花、毛豆枝、芋头、花生、萝卜、鲜藕。屏风前设一张八仙桌，上置一个特大的月饼，四周缀满糕点和瓜果。

祭月完毕，按皇家人口，将月饼切作若干块，每人象征性地尝一口，名为"吃团圆饼"。若皇帝驻跸避暑山庄，则在"烟波致爽"院内摆月供。中秋这一天，皇家众人还佩带"玉兔桂树"等应节荷包。

此举是为了加强家族、社会成员之间的联系，互相馈赠礼物，月饼就成为人们相互交流的信物与吉祥的象征。

■ 清代人们中秋赏月塑像

据记载，当时在乾清宫供月御案曾出现高达十数层"月饼山"，垫底巨饼直径数10尺重10千克，而山顶小饼仅两寸大，0.15千克重。

　　皇帝拜月饼祈丰年后，把精巧别致的"迷你"小饼赏予宠妃，捧酥香软糯的"敖尔布哈"，即"奶饼子"月饼敬奉太后，将垫底大饼切开分赐众王公大臣、妃嫔公主、福晋命妇，每人一份。

　　按照宫里的规矩，晚饭过后要由皇后去祭祀"太阴君"。太阴君是道教中的月神，亦称"太阴皇君"，全称"月宫黄华素曜元精圣后太阴元君"，或称"月宫太阴皇君孝道明王"。

　　在"男不拜兔，女不祭灶"的思想下，"太阴君"是由每家的主妇来祭的。

　　人们会在庭院的东南角上，摆上供桌，请出月光神码来插在香坛里。香坛是一个方斗，晋北的斗不是圆的，是方的。街上有时偶然听到晋北人唱"圆不过月亮方不过斗，甜不过尕妹妹的温柔"。

　　可见，晋北的斗全是方的。斗里盛满新高粱，斗口糊上黄纸，供桌上四碟水果，四盘月饼，月饼叠起来有半尺高。

■ 中秋美食月饼

总管内务府大臣 清代另一新创的中央行政机构为内务部门。内务府的全称为总管内务府衙门，最高长官为总管内务府大臣，简称为内务府大臣或总管大臣，初为三品衙门，后升为正二品，由皇帝从满洲王公、内大臣、尚书、侍郎中特简或从侍卫、本府郎中、三院卿中升补。

另外，中间一个大木盘，放着直径有一尺长的圆月饼，这是专给祭兔时做的。还有新毛豆，四碗清茶，是把茶叶放在碗里用凉水冲一下。

就这样，由皇后带着妃子和格格等一行人行完礼，就算是礼成了。整个过程异常庄重，唯恐有一点礼仪不周，得罪了神鬼，降下灾难。所以一有给神鬼磕头的机会，都是争着参加，没有一个人敢落后的。

末代皇帝溥仪，曾在中秋节赏给总管内务府大臣绍英一个月饼，直径约二尺许，重约10千克，足见清宫月饼之大。

由此可知，当时的月饼制作工艺有了较大提高，品种也不断增加，供月月饼也到处都有。

清代诗人袁景澜有一首颇长的《咏月饼诗》，其中有"入厨光夺霜，蒸釜气流液。揉搓细面尘，点缀胭脂迹。戚里相馈遗，节物无容忽……儿女坐团圆，杯盘散狼藉。"等句，从月饼的制作、亲友间互赠月饼到设家宴及赏月，叙述无遗。

也有竹枝词写道："红白翻毛制造精，中秋送礼遍都城。"北平的俗曲也在唱着："荷花未全卸，又到中秋节，家家户户把月饼切，香蜡纸马兔儿爷，猜拳行令同赏月。"可以想见，在岁月的更迭变迁之中，月饼已经普及得相当广泛了。

我国的节日从来都是和吃联系在一起的，比如春节要吃饺子，端午要吃粽子，这和几千年的农业社会有关。节日与农业的节气紧密地联系在一起，所有节日里的吃食，都是对大地的亲近。

春节、端午和中秋，是我国传统的三大节。吃月饼自然就变得重要起来，月饼的馅可以百花齐放，但甜是最主要的。

竹枝词 是一种诗体，是由古代巴蜀民歌演变过来的。唐代刘禹锡把民歌变成文人的诗体。竹枝词有三种类型，一类是由文人搜集整理保存下来，受社会历史变迁及作者思想情调的影响，二类是由文人吸收、融会竹枝词歌谣的精华创作出有民歌色彩的诗体，三类是借竹枝词格调写出的七言绝句，此类文人气较浓。

■ 月饼与茶

原因很简单，在原始的农业社会，蔗糖和蜂蜜出现之前，甜曾经是人们一种向往和欲望，是被古代哲人认为是和光明连在一起的两件最高贵的事情，是和美连在一起的最好的一个词汇。

所以，人们一直都在说"甜美的生活"，把最好的日子用甜来表达，是最高贵的一种体现。

清代《燕京岁时记》中曾有些绝对地说：

中秋月饼，以前门致美斋者为京都第一，他处不足食也。

因此，月饼的甜味是必然的，是主要的，是体现了一个饱尝辛酸苦辣的民族长期以来对生活特别是团团圆圆、甜甜蜜蜜生活由衷的向往和礼赞。

这一时期，也是我国糕点行业走向成熟稳定的阶

■ 传统月饼

段，糕点的制作不但花色多，样式也增加了不少，用料也更加讲究了，而且技术也在不断提高，制作技巧也越来越高。

清人袁枚在《随园食单》中介绍道："酥皮月饼，以松仁、核桃仁、瓜子仁和冰糖、猪油作馅，食之不觉甜而香松柔腻，迥异寻常。"也出现了如曾懿《中馈录》记述"酥月饼"的制作方法的书籍。

此时，各种地方特色和流派也逐渐形成。遍观全国，已形成京、津、苏、广、潮五种风味系列。月饼种类的特色，因地而异。

京式月饼，是北方月饼的代表品种，花样众多。起源于京津及周边地区，在北方有一定市场，其主要特点是甜度及皮馅比适中，重用麻油，口味清甜，口感脆松。

苏式月饼，是我国的传统食品，更是江南地区人们最喜爱的一种食品。苏州是苏式月饼的发源之地，

曾懿 自幼研读经史，擅长丹青、文辞。他看到许多患者由于医治无效而丧生，曾懿既怜乡民之无辜，更恨庸医不识寒温，泥执古方之无能，于是他废寝忘食地苦读家藏医药典籍，上始汉唐，下迄清末，凡精辟之论述，严谨之方剂，都一一摘录下来，悉心钻研。

广式月饼

苏式月饼这名字就传下来了。皮层酥松，色泽美观，馅料肥而不腻，口感松酥，是苏式月饼的精华。苏式月饼的花色品种分甜、咸或烤、烙两类。

广式月饼，主要流行于我国的南方地区，特别是广东、广西、江西等地，广式月饼之所以闻名，最基本的还是在于它的选料和制作技艺无比精巧，其特点是皮薄松软、油光闪闪、色泽金黄、造型美观、图案精致、花纹清晰、不易破碎和携带方便。

潮式月饼，是以糖冬瓜为馅，食之松脆滋润，属酥皮类饼食，主要有绿豆沙月饼、乌豆沙月饼等。潮式月饼身较扁，饼皮洁白，以酥糖为馅，入口香酥。用猪油做月饼是传统潮式月饼的主角，其中最为传统的潮式月饼主要有两种，一种拌猪油称作劳饼，一种拌花生油称作清油饼。

还有一种产于东北的套月月饼，专供馈赠之用。最大的底盘直径约33厘米，由下而上逐一缩小，一套月饼像个宝塔。而且每个月饼上都有不同的花样，组成一套嫦娥奔月的连环画面。

旧时，长沙南食坊制作月饼，在开春之后就已动手做准备。南食坊先要用很长的一段时间，对月饼的原材料进行加工储备。诸如果料中的瓜仁、麻仁、橄榄仁要去壳，桃仁、花生仁去壳之后还要去皮，需要经过几道工序。

一直要等到中秋到来前的一段时节，新鲜猪油要煎好，火腿和瘦肉条也都要切成丁。还有豆沙、莲蓉、枣泥，都是要煮好或炒制好备用的。

从农历七月起，在暑热渐退之时，月饼就在长沙上市了。眼看着生意一天比一天地红火起来，一直要做到八月十五月圆时分。但是，一旦等到中秋节过后，月饼就无人问津了。

阅读链接

传统的月饼与茶还有一定的渊源，传统的广式月饼重糖轻油，虽然月饼皮儿比较薄，不过由于内馅饱满实在、配料极为讲究，所以这种广式饼吃起来特别甜腻。于是人们就搭配重烘焙、颜色较深、口味较重的茶，如铁观音、人参乌龙茶。

此外，如果是口味为淡甜、口感绵密的改良式广式月饼，搭配带有花香类的茶，或是有清香味的茶，就有提味的功能。至于外皮酥松香滑、皮馅分离、口感清爽不腻的台式月饼，则可考虑搭配各类乌龙茶，如天雾茶、顶冻乌龙茶等都是理想的选择。

而吃起来酥松香脆、甜腻适口的苏式月饼，含油量多，糖味特别重，搭配清香的茉莉香味，如茉莉花茶、茉莉乌龙茶，口感会比较好，尤其芬芳的茉莉香味四溢于口腔时，让人觉得有清爽的滋味。

北方地区的独特饮食风俗

　　在北京，传统月饼有自来红、自来白和提浆月饼。提浆月饼是指月饼皮面的一种制作方法，说通俗点"提浆"就是熬糖浆，另外在皮面中还要加入一定比例的大油，以起到酥松的作用。

传统手工月饼制作

专门制作清真月饼时，就把大油换成黄油。这种月饼的特点是皮酥、馅香，"老北京"中秋特爱吃。

老北京上供用月饼，必须是"自来红"，而不能是"自来白"。"自来红"用来祭祀有着严格的规定和讲究，皮要用芝麻油做，里面放有不同的果仁，还有北京的"青丝和红丝"，即杨梅和陈皮，而且要有冰糖。

在北京，中秋节还要用红糖和芝麻酱等制作一种称为"团圆饼"的面食，以象征全家甜甜蜜蜜、团圆和美之意。

制法是将发好的白面加碱揉好后，根据笼屉大小先擀成四片薄面饼，每片上均抹上些芝麻酱、糖桂花汁，并码上些果脯、核桃仁、葡萄干等，一层层叠放在一起，再擀一较大的面饼从上向下将其包严成大圆形饼，上屉蒸熟之后就可以享用了。

菜式上，八月秋高蟹正肥，中秋正是品尝螃蟹的时节，北京尤其讲究品尝醉蟹。醉蟹历史悠久，因最早制作此蟹的童氏家族居住在中庄，故人称"中庄醉蟹"。这种醉蟹，色如鲜蟹，放在盘中，栩栩如生，肉质细嫩，味道鲜美，且酒香浓郁，香中带甜，营养丰富。

不管古人还是后人，都会把月饼看作月亮的象

自来红 是传统的京式点心，月饼在烤制前是白面皮的，但出炉之后神奇的变成棕红色，而且月饼的上边会出现一个深红色的圆圈，月饼上那个红圈是用一份的水、一份的糖及半份的碱面熬制而成的。将这种汁液盖在月饼坯子上的时候是看不见红印的，只有月饼烤制熟了以后，红圈才会显现出来，这也是自来红月饼的神奇之处。这也正是"自来红"名字的来历。

征，俗语说"八月十五，天上月圆，地下饼圆"，总会让人想到月圆的美好与对团圆的渴盼。山西民间特别注重此时此刻的全家团聚。

外出的人们一般都要在这天回家过节，山西人习惯自己制作月饼，每逢节日来临，村村都要架炉，各家妇女准备好面、油、糖、馅，会聚一处，有人和面，有人拌馅，有人压模，出模时模子扣在案板上的木材间里梆梆当当的声音此起彼伏，间夹着女人们家长里短的嬉闹声，浓浓的家乡天伦之乐飘荡在整个村里，由此，这样的活动称为"打月饼"。

打月饼精华之处最终会聚集在模子的刻制与印模，制作的月饼名堂多且有趣，如有供全家人分食的大团圆月饼，有盆直径大，有专供男人食用的月牙月饼，有只限于女子享用的葫芦月饼，还有特别为少年准备的"孙悟空""兔儿爷"之类的月饼。

《焚香祷月图》

还有专门为孩子们打制一些兔形小月饼，据传说，月亮当中除了嫦娥，还有一个猴子和一个兔子陪伴，而这样做就是为了表示对孩子的祝福，希望他们将来能够"蟾宫折桂"，步入仕途。

当然，中秋节祭月除了月饼以外，西瓜和毛豆也是必不可少的供品。西瓜取音于喜，取形于圆，取瓤于红，取子于多，意寓一家人团团圆圆，欢欢喜喜，红红火火，多子多福；毛豆指嫩黄豆，连皮煮熟，色泽金黄，寓金秋。传说兔子喜食毛豆，这是专

■ 节日美食月饼

为玉兔准备的，也包含着农民丰收在望，提前尝鲜尝嫩的喜悦心情。

傍晚，皓月当空时，要在院里摆上供桌，放上月饼、西瓜、毛豆、梨果等物。过去民间拜月，还要挂一张月光图，纸上画月中嫦娥，配玉兔、木杵和桂树等景。一切准备就绪，便可开始祭月了。

老人们拜月还要念拜月歌，大体内容是"八月十五月儿圆，西瓜月饼敬神仙，有吃有喝还有穿，一家大小都平安"。

姑娘们拜月却别有一番情趣。一般不与成人一块拜，单独设月光图，口不出声，心中却充满了对未来美好的期望。

拜月结束后，全家人在月光下共食团圆，还要将大月饼按人切块，每人一份。对未能回来过节者，家人要把属于他的一份月饼保管起来，待其回来时享

俗语 汉语语汇里为群众所创造，并在群众口语中流传，具有口语性和通俗性的语言单位，是通俗并广泛流行的定型的语句，简练而形象化，大多数是劳动人民创造出来的，反映人民生活经验和愿望。俗语也称常言、俗话，俗语一词已经普遍用作语言学的术语，常言一词带有文言的色彩，俗话一词则有口语的气息。

■《中秋节·大团圆》图

团圆的中秋

受，或是寄给本人，出嫁的闺女也能分到一份。

赏月时，小孩子一边饱餐瓜果月饼，一面观望月亮，提出种种问题。爷爷、奶奶便会讲起代代相传的各种民间故事，浓浓的温情便散发在了每一家，每一户。

在陕西西安一带，每到中秋节，当地每家做馍，全家共吃一馍，称"团圆馍"。馍有顶、底两层，中间加芝麻。馍上层用大碗拓一个圆圈，象征中秋之夜。圆中刻"石头"一块，上站一个吃蟠桃的"小猴子"。馍在锅里蒸熟后，切成尖牙状，全家每人一牙，家人短期外出，则留下一牙。出嫁姑娘父母家则送馍上门，以示全家团圆不忘。

中秋佳节，陕西人不论贫富，必食西瓜，西瓜还要切成莲花状。在中秋月圆之时，一边乘凉赏月，一边吃着解暑的西瓜，凉意宜人，更增一家团聚的天伦之乐。

而且，吃月饼之余吃上块西瓜，清热解腻。久而久之，吃西瓜成为陕西人过中秋的习惯。而西瓜切成莲花状，只是为了配合中秋的节日气氛，增加喜庆吉祥的气氛罢了。

天津有悠久的民俗文化和饮食文化，在天津月饼主要有三类，分别是用模子做出的"提浆"、表皮酥脆的"白皮儿"和粘满芝麻的"麻饼"。月饼馅有百果、五仁、豆沙和枣泥。

天津人家里都有一个做月饼的模子，图案上也有讲究，有"福禄寿喜""月圆中秋"等字样，有的印有梅、兰、竹、菊或朱雀、白虎、青龙、玄武等图案。在制作方法上，老天津人家里都有一个"家常烙"，做法与做蒸饼相似。

在天津人眼中，中秋节晚宴仅次于除夕晚宴。这时正是秋收时节，小站稻的米、河海两鲜螃蟹、百果等都在此时上了百姓的餐桌。在中秋节赏月时，两三岁的娃娃要穿兔鞋、戴兔帽，长辈要送给孩子兔脸人形的泥人玩具即泥兔。

阅读链接

山东省庆云县农家在八月十五祭土谷神，称为"青苗社"，土谷神也是农业所奉祀的神祇。实际上，它是两个神的合称，即土地神和谷神。土谷神也叫社稷神，社是土地神，稷是谷神。

社稷之祭，很早就是国家祀典之一，民间对土谷神的奉祀，也十分普遍。土谷神有专庙供奉，其中最多的是专祀土地神的土地庙，合祀的则称土谷祠。更为普遍的，则是在田间地头设祭。奉祀的日期，多在社日、夏至六月六、中元。

在诸城、临沂和即墨等地除了祭月外，也得上坟祭祖。冠县、莱阳、广饶及邮城等地的地主也在中秋节宴请佃户。即墨中秋节吃一种应节食品叫"麦箭"，所谓的"麦箭"，就是先用白面摊成煎饼，再加上肉馅或素馅，然后用秫秸卷成筒状蒸熟，吃时加上调料，味道十分鲜美。

南方地区诱人的中秋美食

江南各地过中秋节，有吃南瓜的风俗。"八月半吃南瓜"的风俗是怎样来的呢？

传说，在很久很久以前，南山脚住着一户穷苦人家，双亲年老，膝下只有一女，名叫黄花，美丽、聪明、善良、勤劳。那时连年灾荒，黄花的父母年老多病，加上缺衣少食，病在床上，奄奄一息。

那年的八月十五，黄花在南山杂草丛中，发现两只扁圆形野瓜。她采了回来，煮给父母吃。香喷喷、甜滋滋，两老吃了食欲大增，病体也好了。

黄花姑娘就把瓜籽种在地里，第二年果然生根发芽，长出许多

唐寅画《嫦娥执桂图》

圆圆的瓜来，因为这是从南山采来的，就叫南瓜。从此，每年的八月十五这一天，江南家家户户流传着八月半吃老南瓜烧糯米饭的风俗。

除此之外，还必吃金陵名菜桂花鸭。"桂花鸭"于桂子飘香之时应市，肥而不腻，味美可口。酒后必食一小糖芋头，浇以桂浆，美不待言。

"桂浆"，取名自屈原《楚辞·少司命》"援北方闭兮酌桂浆"。桂浆，一名糖桂花，中秋前后采摘，用糖及酸梅腌制而成。

在浙江，杭州的莼菜鲈鱼脍是中秋家宴上的主要菜肴，不仅仅是因为这一时节的莼菜鲈鱼好吃，更是因为晋代张翰借思乡的"莼菜、鲈鱼"，弃官返回故里的史实，这一故事不仅成为千古美谈，并使莼菜成为思乡的象征。

张翰，字季鹰，西晋著名的文学家，吴郡吴县人。张翰父亲是三国孙吴的大鸿胪张俨，张翰为人放纵不拘，而有才名，写得一手好文章，都说他有阮籍

屈原 （约公元前340年～公元前278年），名平，字原，我国伟大的爱国诗人。他写下许多不朽诗篇，成为我国古代浪漫主义诗歌的奠基者，在楚国民歌的基础上创造了新的诗歌体裁楚辞。主要作品有《离骚》《九章》《九歌》等。他创造的"楚辞"文体在中国文学史上独树一帜，对后世诗歌创作产生积极影响。

团圆的中秋

■ 中秋月饼

大司马 古代官名。《周礼·夏官》有大司马，掌邦政。汉承秦制，置丞相，御史大夫，太尉。东汉初为三公之一，旋改太尉，东汉末年又别置大司马，位在三公之上。魏晋为上公之一，位在三公之上，第一品。南北朝或置或不置，北朝魏、齐的大司马与大将军并为"二大"，典武事，亦在三公之上。明清用作兵部尚书的别称。

的风度，所以给他一个称号叫做"江东步兵"。

一天，会稽人贺循奉命前往洛阳，所乘船只停泊在阊门，贺循在船中抚琴一曲。张翰恰好经过，听到琴声，便上船拜访。两人虽素不相识，却一见如故，互相钦佩和喜悦。张翰问贺循的去处，方知是要去洛阳，于是他说："正好我也有事儿要去洛阳。"便和贺循同船而去，连家里人也没有告知。

齐王司马冏执政时期，征召张翰为大司马东曹掾。张翰告诉同郡的好朋友顾荣说："天下纷纷扰扰，灾祸战乱都没有停止。您名声远播四海，想要退出政坛很难。我本来就是生活在山林之中，对现实社会没有抱持期望。您要明智地来思虑前进或是后退的规划。"

顾荣握住他的手怆然说道："我也想跟你一起采南山的蕨草，饮用三江的清水。"

张翰一日见秋风起，想到故乡吴郡的菰菜、莼羹、鲈鱼脍，深有感触，就说"人生最重要的是能够适合自己的想法，怎么能够为了名位而跑到千里之外来当官呢？"于是，张翰毅然弃官还乡，作《思吴江歌》：

秋风起兮木叶飞，吴江水兮鲈正肥。

三千里兮家未归，恨难禁兮仰天悲。

后世的唐代大诗人李白也有诗赞之道：

君不见，吴中张翰称达生，秋风忽忆江东行。且乐生前一杯酒，何须身后千载名。

"莼鲈之思"成为因美食而辞官的一段历史佳话。莼菜是八月时令菜羹，又称马蹄草、水菜，是水生宿根生叶草植物。

■ 太湖美食——莼菜汤

团圆的中秋

■ 打糍粑

土地神 福德正
神本名张福德，
自小聪颖至孝，
36岁时官朝廷总
税官，为官清廉
正直，体恤百姓
之疾苦，做了许
许多多善事。102
岁辞世，死后3天
其容貌仍不变，
有一贫户以四大
石围成石屋奉
祀，过了不久，
即由贫转富，百
姓都相信是神恩
保佑，于是合资
建庙并塑金身膜
拜，因此生意人
常祭祀之。

莼菜的根、茎、叶不仅碧绿清香，鲜嫩可口，而
且营养丰富。而莼菜鲈鱼脍也就慢慢成为浙江地区人
们中秋之际用来寄托思乡和团圆的佳肴。

在四川，四川人除了吃月饼外，还要打粑、吃麻
饼、蜜饼等，也在中秋节杀鸭子。在川西地区，烟熏
鸭子是中秋节的必备佳品，因那时当年生鸭已长大，
肥瘦适宜。

人们选取当年生的仔鸭，宰杀后褪尽羽毛，开膛
取出内脏，洗净后，去翅尖、鸭脚，加盐码味腌渍一
夜后，入沸水中略烫至皮紧，捞出抹干水分，置熏炉
中，用稻草烟熏至呈茶色，出炉放入卤锅中卤熟，食
时改刀装盘，色泽金红、肉质细嫩、烟香浓郁的烟熏
鸭即成。

有的地方也点橘灯，悬于门口，以示庆祝。也有
儿童在柚子上插满香，沿街舞动，叫作"舞流星香

球"。嘉定人中秋节祭土地神、扮演杂剧、声乐、文物，被称为"看会"。

南京人将合家赏月称为"庆团圆"，团坐聚饮叫"圆月"，出游街市称"走月"。明初南京曾建有望月楼、玩月桥，清代狮子山下筑朝月楼，皆供人赏月，而以游玩月桥者为最。

人们在明月高悬时，结伴同登望月楼、游玩月桥，以共睹玉兔为乐。"玩月桥"在夫子庙秦淮河南，这夜，士子聚集桥头笙箫弹唱，追忆牛渚玩月，对月赋诗，故称此桥为玩月桥。明亡后，渐渐衰落，后人有诗云：

风流南曲已烟销，剩得西风长板桥。
却忆玉人桥上坐，月明相对教吹箫。

■ 月饼与葡萄

县志 记载一个县的历史、地理、风俗、人物、文教、物产、气候等的专书。一般20年左右编修一次。最早的全国地方志，是公元813年唐代李吉甫编的《元和郡县图志》，共40卷，后有部分散失。它以唐代的47镇为纲，每镇一图一志，详细记载了全国各州县的沿革、地理、户口、贡赋等。南宋以后，地方志大量增加，尤以明清两代最多。

■ 月饼点心

在江苏东台一带，每逢中秋节，则以藕横断为饼，包以碎肉，敷以小麦屑，入油锅炸熟，谓之藕饼，俗称"荷花"，寓意和睦团圆。

地处广东东南部的广州人喜欢在中秋吃田螺，这在清咸丰年间的《顺德县志》中有记载，八月中秋，有吃芋头食田螺的习俗。

民间认为，中秋田螺，可以明目。据分析，螺肉营养丰富，而所含的维生素A又是眼睛视色素的重要物质。食田螺可明目，言之成理。

但是，为什么一定要在中秋节特别热衷于食之呢？这是因为，中秋前后是田螺空怀的时候，腹内无小螺，因此肉质特别肥美，是食田螺的最佳时节。在广州的不少家庭，会选择在中秋期间食用炒田螺。

在福建浦城，女子过中秋有穿行南浦桥的习俗，按照当地的说法，这样可以求得长寿。在建宁，中秋夜有挂灯为向月宫求子的吉兆。

上杭人过中秋，儿女多在拜月时请月姑。龙岩人吃月饼时，家长会在中央挖出直径两三寸的圆饼供长辈食用，意思是秘密事不能让晚辈知道。金门中秋拜月前要先拜天公。

芋头

在广东还有中秋吃芋头的习惯，潮汕有俗谚："河溪对嘴，芋仔食到。"八月间，正是芋头的收成时节，当地的农民都习惯以芋头来祭拜祖先。

这固然与农事有关，但民间还有一则流传广泛的传说，说在1279年，南宋灭亡之后建立了元朝，为了纪念这段历史，人们就取谐音，而且芋头形似人头，就以芋头来祭奠祖先，历代相传。

阅读链接

在广东地区，潮汕的中秋美食品种颇多，主要可分为三大类，一是糕饼类，潮汕各地月饼，甜的、咸的、荤的、什料的、多味的各式各样种类繁多。还有面饼、软糕、云片糕均为中秋节糕饼，为潮人送亲戚之佳品，可以说潮人送月饼是睦亲的习俗。

二是水果类，潮地中秋节季，天高气爽正是水果成熟之时，柚、柿、杨桃、菠萝、石榴、橄榄、香蕉等也是潮人中秋的另一类美食。

三是农产品类，芋头、南瓜，潮人用其制作芋泥、瓜浆也是潮人喜欢的。糍粑等也是潮汕人中秋必吃的一种食物。

台湾地区的别样饮食习俗

  在台湾，流行在中秋节吃芋头，事实上台湾的人们对芋头有着一种极为特殊的感情，并且拟人化地把芋头分为芋母、芋子、芋孙，作为一种亲情的象征。

  于是，家家户户购芋头，做芋饼、煮芋饭、蒸芋、烹芋汤、捣芋泥、炸芋枣等，简直可以拼成一桌芋头全席，这也可以说明台湾人近乎到了没有芋头不成节的地步。

  台湾高山族雅闽人对芋头更是崇拜至极。中秋节期间，如果新船下水必须把自家种的芋头搬上新船

芋头

■ 月饼

压舱，视芋为"鱼"、为"余"，之后的忌日再把芋头从船厂上搬下来分赠亲友近邻，借此作为一种迎接丰收兆头。

在台湾的民谣中也有不少唱到芋头的，有一首脍炙人口的《天乌乌要下雨》就唱道：

天乌乌要下雨，阿公扛锄头去掘芋……

但是，也有一些人家会在每年的中秋节晚上，蒸一锅芋头，在赏月时，全家人先吃芋头后吃月饼，并在剥芋皮时说"剥鬼皮"，据说这样能"避邪"。

还有俗语说："吃米粉芋，有好头路。"取芋、路的谐音来祈求祖先保佑自己找到好的生计。

在高雄，饲养水鸭的风气很盛，中秋节前后正是水鸭初长最嫩的时候。因此，客家人往往于中秋节宰

高山族 主要居住在我国台湾省，也有少数散居在大陆福建、浙江等沿海地区。高山族有自己的语言，大体可分为泰淮、曹、排湾三种语群，没有本民族文字。居住在台湾的高山族有自己独特的文化艺术，他们口头文学很丰富，有神话、传说和民歌等。高山族以稻作农耕经济为主，以渔猎生产为辅。

团圆的中秋

■ 月饼和水果

食水鸭加菜，成为当地中秋的特色。

在宜兰地区，中秋节除了吃月饼外，还吃一种菜饼。菜饼以面粉为材料，中间抹上黑糖烘焙而成，味道香脆爽口，台南地区则有在中秋节吃麻薯的习俗。

根据清代高拱乾的《台湾府志》记载，月饼还是以前台湾学子用来占卜自己未来功名成就的道具呢！清代以八月十五为秋闱，即乡试第三场考试的日子。

所以月饼也取了一些和科举功名相对应的名字。含状元、榜眼、探花饼各一，会元饼四，进士饼八，举人饼十六，秀才饼三十二。

参加占卜的学子轮流以6个骰子掷入碗中，各视其点数之多少，来预测其功名的高低。"博月饼"就是为了取状元夺魁的好彩头。

除了吃月饼，还吃柚子，柚子与"佑子"谐音，含有吉祥之意，中秋节前后又适逢盛产期，柚子便成了中秋节的应节食物。除月饼外，各种时令鲜果干果也是中秋夜的美食。

如此美味的盛宴，总会让人食欲大涨，但是，在中秋的饮食方面，是很有些讲究的。秋天是盛产螃蟹的季节，是很多喜爱海鲜的饕客尝鲜的好时机。但是螃蟹性冷，吃螃蟹的时候最好趁热吃，并且多沾一些姜酒类的食品，以去其寒。

吃甜味月饼饮花茶，吃咸味月饼饮乌龙茶，或绿茶酸味水果配月饼，如狝猴桃、番石榴、橙子、西瓜和香蕉等。这些水果能对高脂肪、高蛋白物质的代谢起到抗氧化作用，从而保护心脑血管。

中秋节吃菱角，据说能让孩子长得聪明伶俐。菱角的大多数吃法是将菱角用清水或盐水煮熟，然后剥壳当零食吃。也可以将剥了壳的菱角加米，煮成咸味的白稀粥。在吃了甜腻的月饼后，喝上一碗菱角粥，胃中的油腻当场去除不少。

吃月饼应注意要"先咸后甜"。如同时有甜咸两种月饼，要先吃咸的后吃甜的，否则就品尝不出月饼的味道来。吃月饼时最好配以茶

中秋玉米月饼

中秋吃食

水，边吃边饮。这样既能解油腻、防口干，又有助兴的作用，同时还可以调剂饮食，增进人的食欲。

每逢中秋之夜，人们仰望着月中丹桂，闻着阵阵桂香，喝一杯桂花蜜酒，欢庆合家甜甜蜜蜜，欢聚一堂，已成为节日的一种美的享受，但是，切记要适可而止。

阅读链接

台湾农民有在中秋节祭拜土地公的习俗，感谢土地公保佑其丰富的秋收。除了祭祀土地公，农民还得在田间插设"土地公拐杖"，土地公拐杖是以竹子夹上土地公金，插在田间的。

另外在台湾南部，也有于中秋节祭拜树王公的习惯。太阴星君和太阴娘娘都是我国的月亮之神，既然中秋祭月，自然少不了祭拜月神了。以苗栗头份的太阳宫为例，每年中秋为太阴娘娘祝寿的活动，包括奏表祭拜，念经祝寿，举行月光晚会等。

据台湾民间相传，中秋夜越晚睡越长寿。少女在中秋夜晚睡，则可使她的母亲长寿。

在唐代，中秋赏月、玩月颇为盛行。在北宋京师，八月十五夜，满城人家，不论贫富老小，都要穿上成人的衣服，焚香拜月说出心愿，以祈求月亮神的保佑。

南宋，民间以月饼相赠，取团圆之意。有些地方还有舞草龙、砌宝塔等活动。明清以来，中秋节的风俗更加盛行，许多地方形成了烧斗香、树中秋、点塔灯、曳石、放天灯、走月亮、舞火龙等特殊风俗。

我国各地的中秋节习俗异彩纷呈，秉承着我国古老的中秋月圆人更团圆的信仰，凝聚着中华民族的精神，被千古传承。

习俗流布

佳期节俗

用以抒怀遣兴的猜灯谜

　　那是在很久以前，每到中秋佳节，京城都会举行盛大的庆祝活动，成为一个响当当的不夜城，赏灯会上百姓杂陈，诗谜书于灯，映于烛，列于通衢，任人猜度，所以称为"灯谜"。其实，猜谜语变成猜灯谜，当中还有个有趣的故事。

■ 猜灯谜

■ 彩色灯笼

曾经有一个姓胡的财主，人称"笑面虎"。这笑面虎嫌贫爱富，平日鱼肉乡里，人们都很讨厌他。村里有位叫王少的穷秀才，决定要逗逗这个笑面虎。

有一年，中秋将临，各家各户都忙着做花灯，王少也乐哈哈地忙了一天。到了中秋灯节的晚上，王少打出一盏花灯上了街。只见这花灯扎得又大又亮，更为特别的是上面还题着一首诗。

王少来到笑面虎门前，把花灯挑得高高的，引得好多人前来围看，笑面虎也忙挤到花灯前，只见灯上题着四句诗：

头尖身细白如银，论秤没有半毫分，
眼睛长到屁股上，光认衣裳不认人。

笑面虎一看，只气得哇哇乱叫："好小子，胆敢来骂老爷!"喊着，就命家丁来抢花灯。

王少忙挑起花灯，笑嘻嘻地说："老爷，咋见得是骂你呢?"

《红楼梦》我国古代四大名著之一，章回体长篇小说，原名《石头记》，梦觉主人序本正式题为《红楼梦》。本书前80回由曹雪芹所著，后40回高鹗续，程伟元、高鹗整理。红楼梦是一部具有高度思想性和艺术性的伟大作品。

■ 月亮彩灯

笑面虎气呼呼地说："你那灯上是咋写的？这不是骂我是骂谁？"

王少仍笑嘻嘻地说："噢，老爷是犯了猜疑。我这四句诗是个谜，谜底就是'针'，你好好想想是不是呀？"笑面虎一想：可不是哩！只被气得干瞪眼，转身狼狈地溜走了。周围的人见了，只乐得哈哈大笑。

第二年中秋，人们纷纷仿效，将谜语写在花灯上，供人猜射取乐，所以就叫"灯谜"。以后相沿成习，猜灯谜成了中秋佳节的重要活动内容，《红楼梦》里有好几个章回都描绘了清人制猜灯谜的情景。

灯谜活动虽属艺文小道，然上自天文，下至地理，经史辞赋，包罗无遗，非有一定文化素养，不易猜射。而其奥妙诙奇，足以抒怀遣兴，锻炼思维，启发性灵，是一种益智的娱乐活动。

据考证，灯谜最早是由谜语发展而来的，起源于

■ 灯笼上的灯谜

春秋战国时期。它是一种富有讥谏、规诫、诙谐、笑
谑的文艺游戏。谜语悬之于灯，供人猜射，开始于南
宋。在《武林旧事·灯品》中记载：

以绢灯剪写诗词，时寓讥笑，及画人
物，藏头隐语，及旧京诨语，戏弄行人。

猜灯谜是我国传统的娱乐形式，它运用艺术的手
法和汉字的规律，着眼于字义词义变化，常用一个词
句、一首诗来制成谜语，既能达到娱乐的目的，又可
使人增长知识，为人们所喜闻乐见。

春秋战国时代，宫廷和墨客中出现了"隐语""文
义谜语"等文字游戏，这可以说是最早的灯谜。那时
一些游说之士出于利害考虑，在劝说君王时有些事情
往往不好把本意说出，而借用别的语言来暗示，使之

隐语 也叫"隐"，
古字为"言隐"，
是古时候对谜语
的一种叫法。也
是人与人交流的
另外一种方式，
说话交流是基本
的交流方式，主要
通过声音传输，
在《文心雕龙》
中有关于隐语含
义相关解释，是
"遁词以隐意，
谲譬以指事"。

团圆的中秋

■ 中秋灯谜

《文心雕龙》
是南朝文学理论
家刘勰创作的一
部文学理论著
作，是我国文学
理论批评史上第
一部有严密体系
的、"体大而虑
周"的文学理论
专著。全书共10
卷，50篇，以孔
子美学思想为基
础，兼采道家，
全面总结了齐梁
时代以前的美学
成果，细致地探
索和论述了语言
文学的审美本质
及其创造、鉴赏
的美学规律。

得到启发。

　　这种"隐藏"的话语，当时叫作"庾词"，庾就是隐藏的意思，所以有时候也叫"隐语"。秦汉以后，这种风气更加盛行，西汉曹娥碑后题有"黄绢幼妇外孙齑臼"，射"绝妙好辞"，即是"隐语"。

　　我国南朝文学理论家刘勰创作的文学理论著作《文心雕龙·谐隐》指出：

　　　自魏代以来……而君子嘲隐，化为谜语。

　　唐宋时代，"文义谜语"日渐发展，制谜和猜谜的人多起来了。至南宋时，每逢佳节，文人墨客把谜语写在纱灯之上，供人们猜测助兴。灯谜至此可以说是名副其实的灯谜了。

　　至明清时代，春节前后各城镇皆张灯悬谜，盛况空前。如光绪年间有竹西后社、射虎社、萍社等灯谜组织，其中谜手云集，每以茶馆酒肆，或在自家私宅作为灯谜活动场所。或研究探讨，或张灯悬谜，招引猜射，娱乐民众。

谜灯有四面，三面贴题签，一面贴壁，此灯又名弹壁灯。猜中者揭签，获小礼品留念。清家震涛有《打灯谜》诗云：

一灯如豆挂门旁，草野能随艺苑忙。

欲问还疑终缱绻，有何名利费思量。

总体来说，灯谜的结构是由三个基本要素组成的，即"谜面""谜目"和"谜底"，这三个部分缺一不可。"谜面"是告诉猜谜者的条件，也是猜谜者思考的依据。而"谜目"是限定所猜的是哪类"事务"，是答案所属的范围，"谜底"就是答案了。

做诗有做诗的规则，它讲究押韵，做对联有做对联的法门，它讲究平仄和对仗，猜灯谜也有两条约定俗成的规则。

单纯的词汇解释或知识问答，不能算是灯谜，就算是谜语，也只

花灯上的水墨画

■ 灯笼上的灯谜

能被看作简单的作品。例如每个人都知道"桂林山水甲天下"，若以"山水甲天下"猜我国的地名"桂林"，这纯属一种文字解释，毫无谜味。

如果以"山水"合成"汕"字"甲天下"会意为"头"字，而猜作地名"汕头"，底、面两个原本毫不相干的文句，却能互相搭配，岂不趣味盎然。

谜面上的字，绝对不能在谜底出现，除非有标明露春格，否则，底、面不能相犯，例如以"普天同庆"猜店招"大家乐"，很多人猜"全庆"。因为谜底已犯着一个"庆"字了，所以这个答案就肯定不能成立了。

有些灯谜，巧妙地借用了偏旁表义的造字规律，例如：尧加火才好煮熟饭。还有一些是一半描写字形，一半是影射字义的，例如"臭"字的谜面就是：因为自大一点，惹得人人讨厌。

灯谜的谜体有多种多样，正扣法也称正面会意法或正猜，此法是根据谜面所表达的正面含义，不抄曲径，直接去领会、推理，从而联想出谜底。例如以"择日乔迁"猜成语"改天换地"就是直接会意为改天换地。

猜谜倘正扣法行不通，便要变通扣法，不可在单一种扣法中钻牛角尖，否则将永远找不到谜底。反扣法也称反面会意法，此法与正扣法恰恰相反，根据谜面暗示，从反面去推理，寻求谜底。例如以"暗语"猜俗语"不明白"，底和面虽说法相反，但原义却是一样的。

侧扣法不是从正面会意，也非由反面猜射，而是由侧面衬托或由中间突出。例如以"进退皆忧"猜成语"乐在其中"就是解作进亦忧，退亦忧，便夹击出"乐"在中间了。

别解法是利用汉字一字多音，多义的特点，改变本意，另作解释，使谜语妙趣横生，这种手法一向被推为正宗灯谜。还有采用谜面别解者，例如以"不老实"猜植物"长生果"，谜面的"实"字不作"诚实"解，而别解为"果实"再以"长生"扣"不老"构成谜底"长生果"。

增字法是给谜底或谜面增加某些字或字的偏旁、部首，组成另一个字或词。例如"更"猜成语"与人方便"意思就是"更"字增加"人"旁方成为"便"字，以"青"字猜常用语二，谜底是"不放

■ 中秋猜谜语

字谜 一种文字游戏，也是汉民族特有的一种语言文化现象。它主要根据方块汉字笔画繁复、偏旁相对独立，结构组合多变的特点，运用离合、增损、象形、会意等多种方式创造设置的。字谜，有广义、狭义之分。广义的字谜，指所有的文字词语谜，如字类谜、词类谜、句类谜等。狭义的字谜，指单个汉字谜语。

■ 中秋猜灯谜

心""难为情"，意思就是"青"字要放一个"心"字才成为"情"字，这则谜语的妙处是用反语来解答。

损字法是把谜面的字去掉某些笔画而得出谜底。例如古谜"春雨连绵妻独宿"，猜"一"字，意思是"春"天下雨就看不见"日"，妻独宿即"夫"不在，"春"字去掉"日、夫"二字成"一"字。以"个个不落后"猜简体字"丛"字，谜面前三个字别解都落掉后面一部分，成"人、人、一"三个字，合成"丛"字。

增损法是同一谜语中，它结合了前面所述的"增字"和"损字"两个法门。例如"身残心不残"猜"息"字，以"身残"扣"自"字以心不残扣"心"字先损后增，扣合谜底"息"字。以"菜田锄草浇水"猜"潘"字，意思是先将"菜"字去掉草头，合"田"成"番"字，再浇"水"便成"潘"字，增损并用，趣味无穷。

灯谜的谜底范围更广，从字谜、成语、诗词、各种用语，到事物、事件等皆可入谜。民间谜语的谜面往往是山歌体的民谣，以四句形式出现较多，讲究押韵而有节奏，读之可以朗朗上口，而且形象生动，便于口头传诵。

由于民间谜语通俗易懂，故大多数都适宜少年儿童猜射。因此，有时也把民间谜语称作儿童谜语。而"灯谜"的规则比较严格，文学特征也比较强，因而猜射难度也比较大，需要一定的学识水平，因而对成年人来说，更有趣味。

阅读链接

在我国古典文学名著《红楼梦》中有很多有趣的灯谜。贾环的：大哥有角只八个，二哥有角只两根。大哥只在床上坐，二哥爱在房上蹲。打一用物（枕头、兽头）。贾母的：猴子身轻站树梢。打一果名（荔枝）。贾政的：身自端方，体自坚硬。虽不能言，有言必应。打一用物（砚台）。元春的：能使妖魔胆尽摧，身如束帛气如雷。一声震得人方恐，回首相看已化灰。打一玩物（爆竹）。迎春的：天运人功理不穷，有功无运也难逢。因何镇日纷纷乱，只为阴阳数不通。打一用物（算盘）。探春的：阶下儿童仰面时，清明妆点最堪宜。游丝一断浑无力，莫向东风怨别离。打一玩物（风筝）。

中秋时节的舞火龙与摸秋

那是在很早之前，香港的大坑区只是一个客家渔村，村民以耕种及打渔为生。在一次风灾袭击后，出现了一条蟒蛇，四处作恶，村民们四出搜捕，终于把它击毙。不料，次日蟒蛇却不翼而飞了。

■ 舞龙表演

■ 中秋舞龙灯活动

数天后，大坑便发生了一场前所未见的瘟疫。这时，村中父老获菩萨托梦，说是只要在中秋佳节舞动火龙，便可将瘟疫驱除。

说起来也奇怪，这个当时的无奈之举竟然奏效了。从此，舞火龙就流传了下来，据说舞了火龙后还可以趋吉避凶，保佑一年的风调雨顺。

不管这传说有多少迷信成分，但我国毕竟是龙的故土，在香港大坑中秋节舞火龙已有100多年的历史，这是值得珍视的。而大坑区的舞火龙活动规模颇大，轮番舞龙者达3万多人，场面甚是宏大。

从每年的农历八月十四晚起，大坑地区就一连3晚举行盛大的舞火龙活动。火龙长达70多米，用珍珠草扎成32节的龙身，插满了长寿香，由青壮小伙子赤膊上阵，挥舞跑动。

盛会之夜，大坑地区的大街小巷，一条条蜿蜒起

客家 客家先民始于秦征岭南融合百越时期，历经西晋永嘉之乱、东晋五胡乱华，中原汉族大举南迁，大部分到达广东、福建、江西等地，与南方百越群体互通婚姻，经过千年演化，直到南宋时期逐渐形成的一个具有独特方言、风俗习惯及文化形态的稳定民系。

团圆的中秋

伏的火龙,在灯光与龙鼓音乐下欢腾起舞,火龙是用很多东西做成的。龙身是用稻草或珍珠草扎成,头部是由藤条屈曲为骨架,以锯齿的铁片作为龙牙,眼睛是装上的手电筒,舌头是漆红的木片,引龙的珠,原来是个沙田柚。

整条龙每部分都插上香火,在夜间舞动,点点星火,十分生动好看。村民们还会点燃鞭炮扔向火龙,小伙子们则舞动着龙头龙身,向抛来的鞭炮左推右挡。舞龙的小伙子们并不怕鞭炮烧,反而认为烧得炮越多,则以后可以好运连连。

自古以来,中秋丰厚的内涵,留存着我国独特的文化记忆。那不尽的思乡思亲之情,都融入了千百年来传诵的诗词、民谣、歌赋,以及兔儿爷文化、花灯文化、舞火龙文化等载体之中,让中华民族的中秋文

■ 中秋舞龙灯活动

■ 中秋舞龙灯表演

化世代传承。

走月亮是汉代吴地的旧俗，清代的沈复在《浮生六记·闺房记乐》中记载：

> 中秋日…… 吴俗，妇女是晚不拘大家小户，皆出，结队而游，名曰"走月亮"。

清代顾禄的《清嘉录·走月亮》也说：

> 妇女盛妆出游，互相往还，或随喜尼菴，鸡声喔、喔，犹婆娑月下，谓之"走月亮"。

就是说，以前江苏地区的妇女，在中秋夜要"走月亮"。一般是结伴在月下游玩，或互相走访，或拜

顾禄 约生活在清代。以太学生除太常典簿，后为蜀府教授。少有才名，嗜酒善诗，才情浪漫，有"西京诗博士，一代酒神仙"之美誉。精于隶书、行草。书法宗汉隶，结体工整，笔法圆转灵动，厚重古雅的风度，他曾著有《桐桥倚棹录》。诗歌，有《过鄱阳湖》。

佛庵，或举行文艺活动。

据说苏州的妇女走月亮，至少要走过三座桥，才可以称为"走三桥"，有的甚至要走过更多的桥而不许重复，这就不仅需要体力，还须动智力，正如清代周宗泰的《姑苏竹枝词》云：

中秋共把斗香烧，姐妹邻家举手邀。
联袂同游明月巷，踏歌还度彩云桥。

"摸秋"，其实就是"偷秋"的意思。相传在元朝末年，淮河流域出现了一支农民起义军。这支队伍纪律严明，所到之处，秋毫无犯。

一天，起义军转移到淮河岸边，深夜不便打扰百姓，便旷野露天宿营。有几位兵士饥饿难忍，在田间摘了一些瓜果充饥。此事被主帅发觉，等天明了便准

姑苏 东接昆山，南连苏州吴中，西邻苏州虎丘，是苏州重要的经济、对外贸易、工商业和物流中心，也是重要的文化、艺术、教育和交通中心。姑苏物华天宝，人杰地灵，被誉为"人间天堂"，素来以山水秀丽、园林典雅而闻名天下，又有其小桥流水人家的水乡古城特色。

■ 中秋舞龙表演

中秋舞龙表演

备将那几个治罪。

村民们得知后，纷纷向主帅求情。为开脱兵士的过错，有一老者随口说道："八月摸秋不为偷。"那几个兵士因此话而获赦免。

那天正好是立秋节，从此留下了"摸秋"的习俗，尤其是在我国湖北荆州地区，这一风俗更胜。据清代梁绍壬《两般秋雨盦随笔》中记载：

> 女伴秋夜出游，各于瓜田摘瓜归，为宜男兆，名曰摸秋。

每年中秋节的夜里，当明月升起的时候，无论男女老少都走出家门，到别人家的田埂边、菜园里或山坡上去摸瓜果、蔬菜和豆类。

老人去村野摸"安乐菜"希望家庭祥和兴旺。做

立秋 是二十四节气中的第十三个节气，每年8月7日或8日立秋。"秋"就是指暑去凉来，意味着秋天的开始。到了立秋，梧桐树开始落叶，因此有"落一叶而知秋"的成语。从文字角度来看，"秋"字由禾与火字组成，是禾谷成熟的意思。秋季是天气由热转凉，再由凉转寒的过渡性季节，立秋是秋季的第一个节气。

生意的老板娘上山坡摸芝麻，也叫"节节高"，期望生意兴隆。年轻人去溪边摸"甜到梢"，即甘蔗，盼望事业有成。小媳妇去田埂边摸南瓜，因为"南"与"男"谐音，所以企盼能生个儿子。

小伙子则去小路旁摸蛾眉豆，因为在当地，蛾眉豆是美女的代称，期待以后自己能有一个漂亮的女儿。正在热恋的情侣们，会去莽林野地摸百合花，共同祝愿白头偕老，百年好合。

摸秋人的这些举动都是背着他人做的，形式上像偷，而又不是偷。这种风俗，在当时象征着人们的一种喜悦，代表着一种吉祥，也反映了当时人们对丰收的希望和梦想。

后来，摸秋成了小孩子们乐此不疲的一种中秋习俗，这天夜里，家长会放纵自己的孩子到别人家田中"摸秋"，如果是摘得葱，则认为小孩长大后能聪明，如果是摘得瓜，则认为以后小孩吃喝不愁。而丢了"秋"的人家，无论丢多少，从不叫骂，反而会一起祝福这些可爱的孩子。

阅读链接

在湖南，也有舞火龙习俗，从中秋节起，连续三天，湖南的大路边镇与星子镇都会舞火龙，特别是最后一天，舞火龙会达到高潮，一条条的火龙走街串巷，给各家各户带来好运气，然后聚集到镇中心，集中舞蹈。

旁观者用鞭炮往赤膊的舞龙者身上丢过去，鞭炮在年轻人的身上炸开。但是勇敢的舞龙者却不在意，而且欢迎你这样。

第二天的白天，你走过大路边镇与星子镇，可以看到一身伤口的年轻人，他们看上去，俨然一脸的自豪。据说，红药水涂得越多，来年的生活越红火，运气越旺。

小城连州，从大路边与星子出的官员最多，是不是舞火龙带来的运气呢？只要鞭炮不停，火龙就会不停地舞下去。

蕴含美好愿望的闽粤风俗

　　在厦门等广大地区，每逢中秋佳节临近的时候，在夜色阑珊中的大街小巷，便会传出博饼时骰子撞碰瓷碗发出的悦耳叮当声。

　　在古代，"博"是一种棋戏，后泛指赌博运动。沿袭到现在，博饼不再有赌博的意味，而是成为厦门人中秋聚会的保留节目。

　　当骰子在大瓷碗里落下，发出"叮叮当当"的清脆响声，满堂都

■ 壮元博饼雕塑

郑成功 名森，字明俨，号大木，是17世纪明末民族英雄，因蒙隆武帝赐明朝国姓朱，赐名成功，世称"国姓爷"，又因蒙永历帝封延平王，称"郑延平"。郑成功死后，台湾民间设有庙宇加以祭祀。

探花 是古代科举考试中对位列第三的举子的称谓。与第一名状元，第二名榜眼合称"三鼎甲"。在唐代的科举时就已经出现。"探花"作为第三人的代称确立于北宋晚期，并在后世一直流传不衰。

■ 骰子

是欢声笑语，每个人眼中都洋溢着快乐的微笑，那种其乐融融的感觉很是温馨。

厦门的"博饼"，也叫"博中秋饼""博会饼""博状元饼"，这一风俗的形成与民族英雄郑成功有关。据传，300多年前郑成功屯兵厦门。每到八月十五月圆之时，满怀豪气的将士们难免会有思乡思亲之情。为了排解和宽慰兵士佳节思念家乡亲人的苦闷，郑成功的部下洪旭发明了一种博饼游戏，让兵士赏月博饼。

郑成功亲自批准从农历八月十三至十八，前后6夜，军中按单双日轮流赏月博饼。这独特的游戏，后逐渐在民间流传和改进，成为一种有趣的民俗活动。

早年，博状元饼多为亲友或结拜兄弟姐妹间大家出钱，购买会月饼，共同博之，谁得"状元"，来年中秋节要赠送一会给大家博。有人生男孩的要送两会。这样年年有增无减，会饼越来越多，只好再分开两组。一般家庭由长辈主持，每年买一二会，全家围成一圈博之。

中秋会饼每会63块饼，每会饼设"状元"1个，"对堂"2个，"三红"4个，"四进"8个，"二举"16个，"一秀"32个。全会大小饼以63块为单位，含七九六十三之数，是个吉利数。因为九九八十一是帝王所用的数，八九七十二是千岁数，而郑成功则封过延平王，所以只能用63之数。

这大小63块饼，分别代表状元、榜眼、探花、进士、举人、秀才。取民间流行的赌具骰子6颗，放在大瓷碗内投掷，让参与者博弈玩耍。

中秋明月，遥寄思乡之情，中秋会饼，抒发团圆之意。

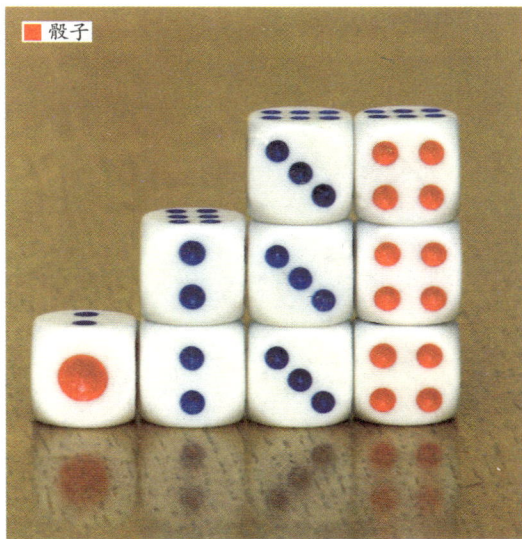
■ 骰子

在叮叮当当的响声中，人们欢笑着度过中秋之夜，岁岁年年。

"摆塔"是福州民间特有的习俗。老福州多寺多塔，摆设品也多为古塔的模型，故称"摆塔"。过去福州百姓中秋"摆塔"象征多福多旺，从农历八月初开始，中秋进入高潮。

"鲤鱼饼"是福州中秋节的另外一种特有的习俗。鲤鱼饼通常是由外公、外婆，在中秋节期间送给外孙、外孙女的饼，其形状就像两条鲤鱼并在一起。做法有两种，一种是做包点，在上面绘上两条鲤鱼，一种是做成两条鲤鱼的形状，里面的馅和月饼一样。

鲤鱼饼有两种寓意，一种是鲤鱼放生，含义是"放子化三千"，祈求多子多孙。一种是象征鲤鱼跳龙门，指争取将事情做好、做成功，同时也反映了福建人的一种拼搏精神。

而"糖塔"也是霞浦民俗文化中特有的一道亮丽的风景线。以前临近中秋，霞浦县城的主街道上总能见到各种色彩艳丽、造型各异、栩栩如生的"糖塔"，空气中弥漫着淡淡的糖香味，为当地的中秋节增添浓浓的乡土艺术气息。

关于"糖塔"的由来，还有一个传说。相传，在明朝嘉靖年间，

■ 青釉拜月立像

八仙 指民间广
为流传的八位神
仙，八仙之名，
明代以前众说不
一。有汉代八仙、
唐代八仙、宋元
八仙，所列神仙
各不相同。至明
吴元泰《八仙出
处东游记》始定
为铁拐李、汉钟
离、张果老、蓝
采和、何仙姑、
吕洞宾、韩湘子、
曹国舅。

戚家军抗倭于霞浦境内。在中秋夜，倭寇企图乘虚攻城、大战一触即发之时，后方百姓一面曳石，就是将绳子绑住石头，在青石板上拉动，发出巨响，造成城内人多的气势，一面特制圆饼，犒劳三军。

为了解饿，当地百姓将糖熬煎成糖块，供给官兵。戚家军护城胜利后，圆饼被称为"光饼"，糖块也被视为太平的象征。

后来，经艺人加工、手艺更新、时代演变，起初简单、小巧的"鸳鸯""公鸡""八仙"等糖块造型，已发展为不下百种造型，其中以七层宝塔造型最为美观。

这些造型各异的糖制品，被统称为"糖塔"，成为中秋节日里外祖父母、舅舅送给外孙、外甥的礼物。而中秋曳石、送糖塔的习俗，也由此在霞浦流传下来。

60年一度的中秋点塔灯活动，同样也是福建的传统风俗。这一习俗始于1624年的明代，时瑞云塔竣工已9年，又逢岁序之首甲子。这年中秋由建塔的参与者倡议，在瑞云塔上结彩点灯，以志庆贺。以后沿袭下来，便成为福清独有的甲子塔灯盛会。

历史上较盛大的一次塔灯会要算在清同治年间

举办的那场，1864年的中秋，方圆5千米的男女老幼纷纷赶来参加，台阁、行舟、龙灯、狮舞鱼贯过市，倾城狂欢，通宵达旦，热闹非凡。

旧时，广东东莞有些妇女相信"月老为媒"，凡家中有成年男女而无意中人者，便于中秋夜晚三更时分，在月下焚香燃烛，乞求月老为其撮合。

相传，中秋之夜，静沐月光，可使妇女怀孕。在一些地区，逢中秋月夜，有些久婚不孕的妇女便走出家门，沐浴月光，希望早生贵子，谓之"照月"。这只是人们借中秋圆满之意，给予了心中的希望。

广州人对中秋节的重视程度不亚于大年三十，八月十五中秋节，从前也叫"月光诞"，广州人素有"拜月光"的风俗。

农历八月十五当天，大家一早起来，就开始用月饼、水果祭祖拜神，晚上全家吃团圆饭。晚饭过后，便举行"拜月光"仪式。

甲子 为干支之一，顺序为第一个。其前一位是癸亥，后一位是乙丑。在我国传统纪年中，农历的干支纪年中一个循环的第一年称"甲子年"。自当年立春起至次年立春止的岁次内均为"甲子年"。论阴阳五行，天干之甲属阳之木，地支之子属阳之水，是水生木相生。

■ 古代人们庆祝中秋节蜡像

在天台或门口竖起竹竿，挂上彩灯和灯笼，摆上月饼、柚子、芋头、菱角、香蕉等，对月而祭。祭月时要焚香燃烛，烧"月光衣"。拜完月光后吃粥、吃田螺，一家老少在一起畅叙至深夜。

中秋节在广州还有一种富有情趣的传统风俗，叫"树中秋"。每逢中秋节，各家要用竹条扎灯，灯的开头多样，不单果品灯，也有鸟兽、鱼虫灯，也可砌成字灯。到了夜里，就在灯内燃烛，下面再联结许多小灯，用绳系在竹竿上。然后将竹竿插在房屋高处，如平台、屋顶或高树之上。入夜，满城灯火，如繁星点点，和天上明月争辉，以此庆贺中秋，也叫"竖中秋"。

灯笼也是广州人过中秋的必备品。根据文献记载，广州旧地名"四牌楼"就与灯笼有关，在明清时期，曾有著名的"灯笼街"。

以此庆贺中秋。在老广州人的心目中，谁家的灯笼挂得越高，就越吉利，越好运。

阅读链接

在我国东北地区的赫哲族中，广泛流传着一则奔月的故事，但故事并不是发生在嫦娥身上。古时候，一个妇女去江边挑水，抬头望着天上的月亮，觉得明亮的月亮特别可爱，不由得想到自己的身世和在婆家受到的种种虐待、万念俱灰。

她突然萌生了一个念头，何不请月亮神仙帮个忙呢！当她刚开始祈求月神时，从远处江面上晃晃悠悠飘来了一块红色的布块，她试着用脚尖往上一踩，整个身体不知不觉就上去了，并把那位妇女凌空托了起来，慌得她赶紧抓住身边的树。慌乱中竟然将旁边的那棵树连根拔了起来。

这时，布块越飞越快，她也越飞越高。就这样，那位妇女很快就飞到了月亮上。而我们看到月亮上的那些黑影，就是那位妇女和她带到月亮上去的树和其他的物品。